谷 益美 著
円茂竹縄 作画

マンガでやさしくわかる ファシリテーション

Facilitation

日本能率協会マネジメントセンター

はじめに

こんにちは、谷益美です。

初めての著作、『リーダーのための！　ファシリテーションスキル』を上梓したのは2014年。「分かりやすい」と多くの方から嬉しい感想を頂く中、気になるコメントも聞こえてきました。

「研修に参加して、本で読んだことが、ようやく実感できました」
「取り組もうと思っても、現場ではなかなかうまくいかなくて……」

そんな言葉を聞く度に、**もっと分かりやすくファシリテーションの実践イメージ**をお伝えできたらなぁ……と思い始めたちょうどその頃、本書『マンガでやさしくわかるファシリテーション』の執筆を打診いただいた嬉しい興奮は、今でも忘れられません。

現場で試行錯誤する主人公の成長と、それに伴う現場の変化をお伝えする本書は、日本能率協会マネジメントセンターの岡田さん、素敵に描いてくださった円茂さん、そして多くの方々のおかげで生まれた「ファシリテーションのリアル」を分かりやすくお伝えする1冊です。

相手から **「引き出して、まとめる」** ファシリテーションスキルを身につけたリーダー＝ファシリーダーの周りには、自然と多くの人が集まり、良い場、良いチームが生まれてきます。しかし、スキルを身に付けるまでの過程では、さまざまな壁にもぶつかります。「やってみたけど、うまくいかない」「やっぱり自分にはできない」と諦めてしまう人もたくさんいらっしゃいますが、うまくいかない大きな原因のひとつは、**ファシリテーションの成功イメージを持てていない**こと。

そもそもお手本となるような先輩がいない、活発な意見が出る理想的なミーティングに参加した経験がない。ファシリテーションが機能した先に、一体どんな未来が待っているのか分からないままでは、継続して取り組むモチベーションも湧きません。

そしてまた、もうひとつの大きな原因は、**セミナーや研修会と現場の違い**です。ファシリテーションを学びたい、と意欲高く集まったメンバーと、現場のメンバーの間には、温度差があって当たり前。現場のメンバーを巻き込んでファシリテーティブな場を作るには、会議やミーティングの時間だけ実践しても片手落ち。**メンバーのことをよく見て理解し、日常の中でも個別対応していく**ことが必要です。

現場は千差万別で、一つとして同じものはありません。うまくいったりいかなかったり、なかなか思うようにはならないもの。ファシリテーションのスキルは、そんな状況をポジティブに変えたいリーダーの、強力な武器になるはずです。

人が集まるところ、ファシリテーションあり。ページを開いたこの瞬間から、レベルアップは始まっています。千里の道も一歩から。主人公とともに、ファシリーダーとしての最初の一歩を踏み出していきましょう。

谷 益美

マンガでやさしくわかるファシリテーション　目次

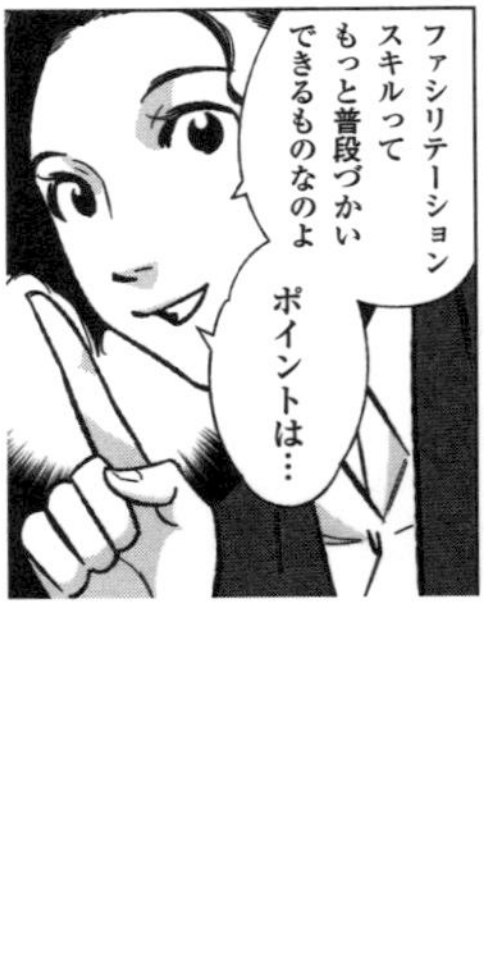

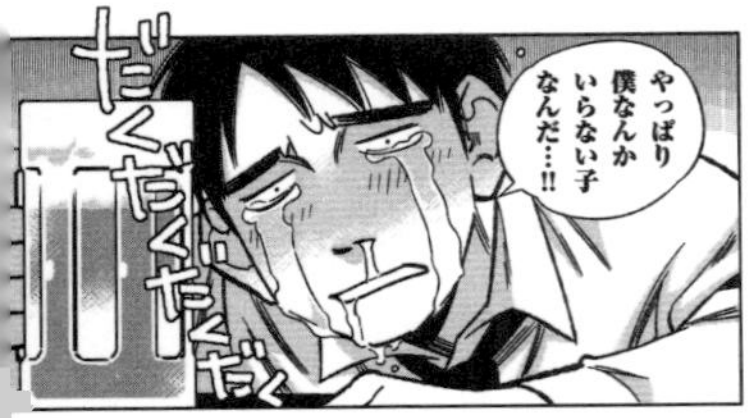

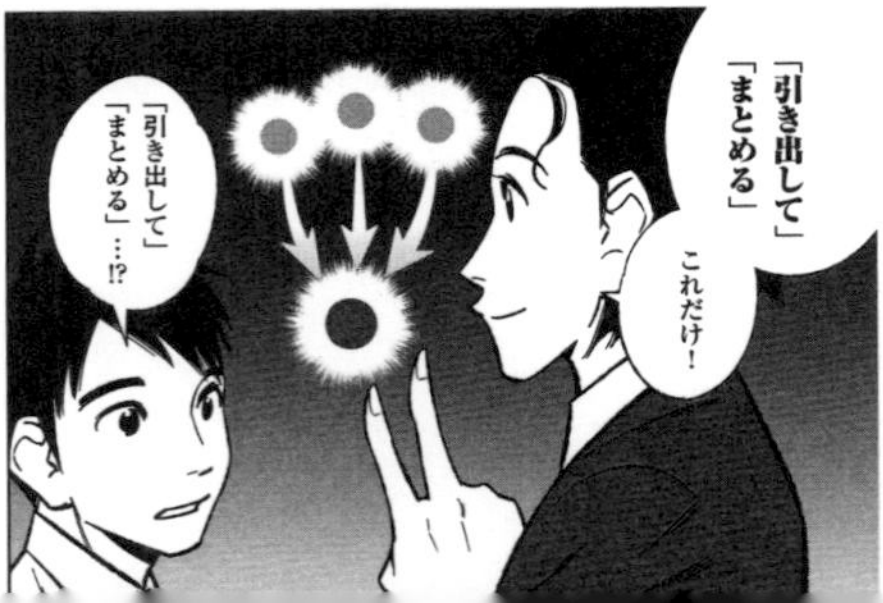

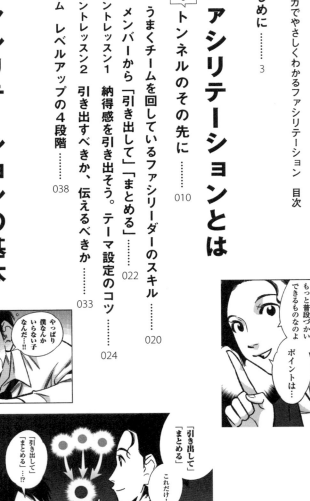

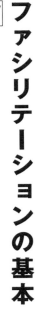

Part 2

ファシリテーションの実践

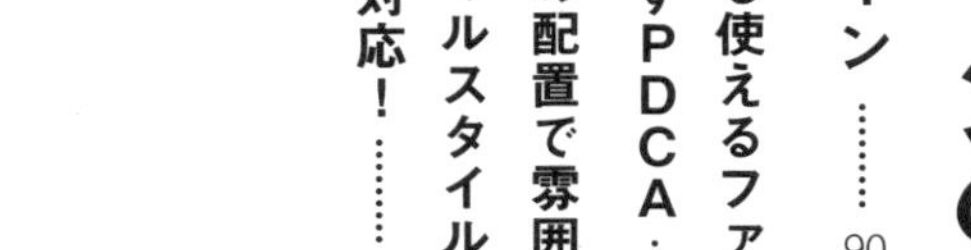

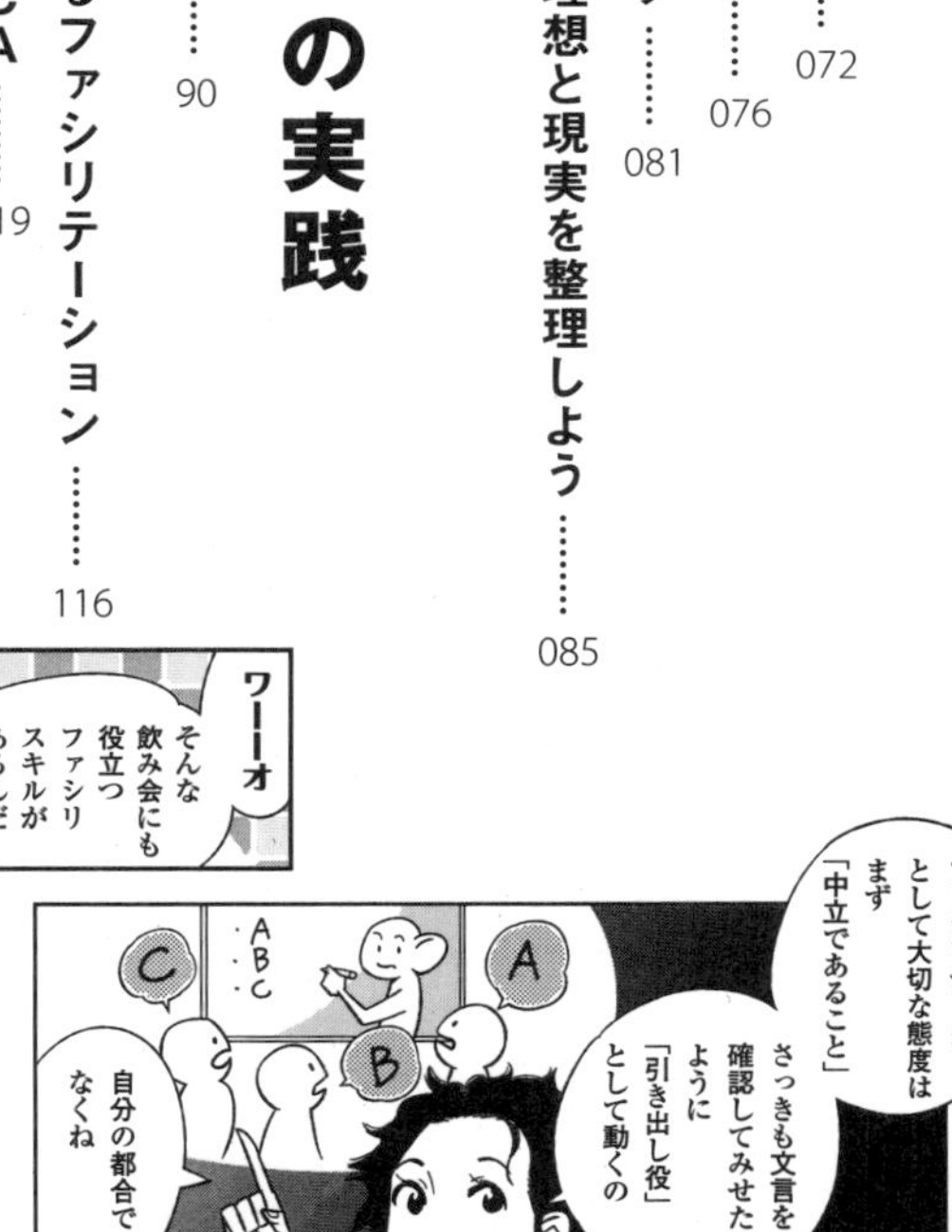

Part 3

ファシリテーションの応用

Epilogue

ファシリテーションマインド

Prologue

ファシリテーションとは

県境の
長いトンネルを
抜けると――
ゴオオオオ
トンネルの
その先に
Story 0
抜けると――
ぷぷっ
ゴー……
抜けないぃッ!!
くわっ
長過ぎるだろ
このトンネル
ずうーっと
隣で変な女が
漫画読んで
ニタニタ
してるし
くっくっくっ

コーヒー
おみやげ…
ぬ
すみませ～ん
ビール
ください☆
何本目だよ!!
この路線
乗車時間そんな
長くねえだろ!!
は――――――……
ありがとうございまーす
…24回目
はい……
え?
ため息
24回目ですよ
始発から
まだ一時間
くらいなのに
あ…
はあ
はあああ?
大きなお世話だ

そちらこそよく飲まれますね？
ふふふ私のまだ残ってるし一本あげましょうか
いりませんっ！
そう？じゃ私飲むけど
そこまでため息つかれると気になっちゃって
……
それは…すみませんでした
じゃあまぁ…せっかくなんで…
タァー
皆 勝手すぎるんですよ……！

結局 地方の代理店なんて今が回ってりゃ満足なんです
向上心ってもんがないんですよ
意識が低い!
おお…まだ缶の半分しか飲んでないのに
いろんなセミナーにも通いましたよ! ファシリテーションとか
なんなら自腹ですよ! けど意識の低い人たち相手には使えないいんですッ
フレームワークを実践しようとしてもだっっっれも協力してくれないし
…
フツーの会議も意見はとっちらかるわ何も発言しない人はいるわ
それなのに後から文句言われるし本社からも突っつかれるし
ああああああああああああ
まあまあ…
錯乱しないで
僕だって出向したくてしたわけじゃないですよ…
一生懸命やってるんですよ… なのにずっとよそ者扱いの空気だし

僕なんかいらないんだ…!!
だくだくだくだくだく
怒ったり泣いたり忙しい子だな…
なんで協力してくれないのか理由は聞いたことあるの？
…早く帰りたいとかじゃないですかどうせ？
よそ者になんか付き合ってられないとか…
なんか聞きづらいんですよもう
想像じゃなくてさ聞いたほうがいいよ頭下げて
なんで僕が頭下げなきゃ……
私も仕事してるとさアクの強いおじさん相手とかあるわけよ上から目線じゃ通用しないし「教えてください」っていうスタンスでいくの
実際知らないことたくさんあるからね
聞いたって不満言われるだけですよ
そりゃあネガティブなことも出てくるだろうけど…
まず聞いてみなきゃどうにかできるのかどうかすら分からないでしょ

メーカーから いきなり来てさ あれこれカイゼン しようって
「自分の評価あげたいだけじゃないの？」って思われてるかも しれないし
メーカー
ウッ そう言われると… そ…そう 見られてるのか？
いや だとしても ですよ
会議一つ とったって あんな状態で いいわけが…
「あんな状態」っていうのは さっき言った みたいな？
そうです とにかく 効率が悪い
なんとか しようと してるのは 僕だけです
僕だって 悪気がある わけじゃ…
…僕 間違って ますか？
うーん…
間違っちゃ いないけど
それって あなたの 希望 じゃない？

ぼ…僕の希望だとしても結果的に正しければ…
でもそれに皆ついてきてくれないいって話だったでしょう？
相手の希望を知るためにはちゃんと聞いて引き出してあげる必要あるし
引き出したものは皆で共有するの
ホワイトボード使ってこんなふうにまとめるのね
私だったらこんな感じで…
現場カイゼンミーティング　(日付・メンバー)
気がかり
理想
ホワイトボードにわざわざ書くんですか？
書いてみせれば同じ意見が二度出るのを防げるじゃない
「聞いてもらえた」って感じもするし

ホワイトボードを使って意見を共有すると言った言わないが防げるし
皆の目線が上がるのよ
議事録にもなるしね
な…なるほど…
さっきセミナーの話出たけど
ファシリテーションって「促進する」って意味でしょ
メンバーのやる気を出したり問題を洗い出して一緒に解決を考えたり
ようするにチームがうまくいけばいいのよ
TEAM
フレームワークはそのための手段であってそれをすることがゴールではないわけ
だいたいセミナーの場ってみんな意欲があるじゃない
意欲に差がある場で自分だけ盛り上がってもさ
めら
めら
スミマセン突っ走りがちです…
ファシリテーションスキルってもっと普段づかいできるものなのよ
ポイントは…

「引き出して」「まとめる」
これだけ！
「引き出して」「まとめる」…⁉
これさえできれば会議だろうが飲み会だろうがその場の全員がいきいきと参加してやる気につながる時間が作れるわ！
さらにはそれができる人ってハブ（HUB）になれるのよ
HUB
求心力や存在感が増すのね
引き出して まとめる…

まさか同じ駅で降りるとは
うんヒマだったら飲もうよ
しばらく滞在してるから電話して！
はいこれ名刺
このトンネルを抜けたら僕にも新しい景色が見えるだろうか
じゃねー
ファシリテーション講師
山中 マユミ
Yamanaka Mayumi
いやそろそろ見たいんですけど……

01 うまくチームを回しているファシリーダーのスキル

新しいチームを任されたとき、何かを始めるとき。どのリーダーも、どうしたらチームが良くなり、成果を出せるかを真剣に考えています。悩んでばかりじゃいられない、といろんな工夫を試みて、結局は自分で全てやってしまう。そんなリーダーも少なくありません。

どのリーダーもその人なりに一生懸命。しかし、うまくいくリーダーと、うまくいかないリーダーがいます。その違いは何なのか。

そのひとつの答え、それが本書でお伝えする**ファシリテーションスキル**です。ファシリテーションとは何かをお伝えする前に、まずは自分の「ファシリーダー度チェック」から。

次の質問にYes／Noで答えてみましょう。

Q1　メンバーに何をすべきか、何を期待しているのかを伝えている

Q2　チームが仕事を適切に遂行するために必要な材料や道具を整えている

Q3　メンバーそれぞれに、毎日最高の仕事をする機会を与えている

Q4　この1週間の内に、メンバーの仕事の成果を認めたり、褒めたりした
Q5　メンバーを一人の人間として気にかけていることを伝えている
Q6　メンバーの成長を応援し、後押ししている
Q7　メンバーの意見を聞き、尊重している
Q8　会社のミッション／目的のために、メンバーの仕事が重要だと伝えている
Q9　メンバーの仕事ぶりを把握し、クオリティの高い仕事をするよう促している
Q10　チームメンバーの人間関係を把握している
Q11　この6カ月のうちに、メンバーの進歩について話す機会を持った
Q12　この1年のうちに、メンバーが仕事について学び、成長する機会をつくった

『まず、ルールを破れ　すぐれたマネージャーはここが違う』

マーカス・バッキンガム／カートコフマン著、宮本喜一訳（日本経済新聞社）より筆者作成

さて、どのくらいチェックできたでしょうか。

あまりチェックが付かなかったという方も嘆く必要はありません。

ここから先は、成長あるのみ。

うまくチームを回す**「ファシリーダー」**目指し、学んで実践していきましょう。

02 メンバーから「引き出して」「まとめる」

うまくチームを回すファシリーダーのスキル、「ファシリテーション」とは、ひと言で言うと**「促進すること」**。先ほどのファシリーダー度チェックにあったように、メンバーに対してさまざまな視点で働きかけ、成果を生み出すように手助けするイメージです。そして、そのためのスキルは大きく2つに分類されます。

まず一つ目は**「引き出す」**です。やる気やアイデアといったポジティブなものから、愚痴や批判などネガティブなものまで、引き出すものはネガポジ両面。ポジティブなものだけ引き出そうとしていては、結果、活発なコミュニケーションは生まれません。どんな意見も自由に言える、そういった場がチームのしなやかさ、強さを生み出すのです。

そして、引き出した後は**「まとめる」**です。まとめるとは、ばらばらのものを集めてひとかたまりのものにすること。そして、互いの意志を一致させることです。そのためには、チームのビジョンや目的を共有し、みんなの意見を見える化することがポイント。例えばホワイトボードは、みんなの意見を見える化する便利で強力なツールです。

引き出してまとめるファシリテーションのスキルは、多様なメンバーをまとめるリーダーに必須のスキル。そしてこれらを効果的に行うためには、さまざまな意見をまずは聞く**「中立」**のスタンスを取ることが大切です。

もちろん、いつもいつも中立では、責任あるリーダーとしての職務は務まりません。「リーダーは人の心の機微に、しっかり対応しなければいけません。ですが、その判断においては、合理性と理論を優先させなければならない。結果を出すと思えばこそ、部下はついてきてくれるのですから」という日産CEOカルロス・ゴーンの言葉の通り、リーダーの重要な役割の一つは、**成果を生む、より良い決断を下す**こと。そして、現場を知るメンバーからの意見を引き出しまとめることは、必ずや良い決断につながります。

ファシリテーションは、単なる会議の進行役としてのスキルではありません。リーダーとしての在り方を示してくれる、ひとつの指針でもあるのです。

ポイントレッスン1　納得感を引き出そう。テーマ設定のコツ

あまりうまくいっていないチームをまとめるにはどうすればいいんでしょう？

そもそも「あいつはおかしい」「間違えている」と思ってる人同士が集まった場で、いきなり仲良くなれるわけないいんですよね。「結局そこなの？」って言われちゃうかもしれませんが、日常の中のやりとりや人間関係ってやっぱりすごく大事で、会議だけでなんとかするっていうのは土台無理なんだと思うんです。

とはいえ、リーダーともなれば会議など、決められた時間内に、そういったメンバーに納得させなければいけないことも多々ありますよね。例えば教える内容や、これから取り組むプロジェクトについて。みんなあんまりやりたがらない、ともすれば反発されてしまうようなことを伝える時に大事なことは、伝えた後、結論を出す前にちゃんと、**「言い分を聞くこと」**なんです。

なるほど。では、言い分を引き出すのも難しいときは？

「どうせやらなきゃダメなんでしょ」「言ったって無駄」と思っているメンバーから本音を引き出すコツは、**「教えてくださいスタイル」**にすること。そして、リーダーとして全てを知っていなければいけない、という思い込みを捨てて、現場のことは現場のメンバーに語ってもらわなきゃ分からない、という謙虚な気持ちを持つことだと思います。

「私には分からないことや知らないことがたくさんある。もちろん、リーダーとしてやってほしいこと、伝えたいことはある。けれど、それがみんなにとってどうなのかはわからない。だからこそ、チームとみんなの課題が何で、どうやればうまくいくのかを教えてほしい。そして一緒に考えよう」という感じでしょうか。

相手が抱えている不満や不安、例えば反発する原因とか、何に納得いってないのかとかにフォーカスすることもすごく大事。なぜならば、結局のところ「言い分を聞いてもらえない」こと自体に不満を感じている人が多いからです。

部署が違えば言い分も変わります。営業は売上を上げたい。でも製造の現場は人手不足で苦労している。そんな中で、例えば新規顧客開拓プロジェクトを立ち上げたところで、部門を超えての協力体制は簡単には生まれません。

「営業は仕事を取ってきたからって偉そうに言いやがって、勝手な新規案件で振り回されるのはいつも現場なんだよ……！」そういった不満や言い分にも目をつぶらず、どこかでちゃんと吐き出させてあげるというアプローチがとても大事。なぜならば、愚痴は聞き方次第で未来に向けての改善につながる前向きな提案にもなり得るからです。例えば、個別の飲み会で愚痴をこぼしてもらい、語り合うのも、時には必要だと思います。もしくは、きちんと機会をつくって問題意識をひたすら出してもらうミーティングをするのも一案だと思いますね。

でも、不満ばっかり聞いてたら、ネガティブなチームになりませんか？

私たちはみんな、ネガティブとポジティブという両面を持っていると思うんです。例えば、不満とか不安とかいろいろなネガティブ要素がある一方、「もしかしたらうまくいくんじゃないか」という期待感とか、「やりたい」「面白そう」というモチベーションや好奇心など、ポジティブ要素もいろいろあるんですよね。

何か物事が起こったとき、例えば新規プロジェクトや改善活動のようなものが始まったとき、その両面がそれぞれの立場によってさまざまに出てくるんだと思うんです。「いいですね」「やりましょう!」みんながそう思えるならいいんですが、ほとんどの場合はそうはなりません。

「会議で言ったところで、何も変わらないなら言わないよ」と、発言しない方が多くいます。しかしそれでは、「どうせやるって決まっているんでしょ」とか、「こっちに進めたいんだろ」というネガティブな気持ちが、ひたすら水面下に溜まるばかり。メンバーの士気は上がらず、チームのまとまりが生まれにくい状況では、結局生産性は上がりません。だからこそ、ネガポジ両方の意見を引き出して、みんなの言い分を中立的に聞くことって大事だと思うんです。

会議では何も言わないけれども、現場は動かない、従わない。そんな状態じゃもったいないじゃないですか。

とはいえ、反対意見は結局通らないんですよね？

確かに、チームやリーダーの思惑と違う多くの反対意見はそうです。でも、今回は変わらないけれども、将来的にはもしかしたら意見が反映されたベターなものが出てくるかもしれないとか、自分はこう思っているんだよということを理解してもらえる。**理解「は」してもらえる**、といった変化は生まれます。

言ったって確かに無駄かもしれない。だけれども、少なくとも他のメンバーに理解してもらえる、かつ受け入れられてもらっている。そんな状況をつくりたい。じゃあ分かった、と納得はできないけれども、今回これでやってみよう、と。やってみて、うまくいかなければ、引き続き検証してみようじゃないかという未来に向けた改善の姿勢が生まれるのであれば、不満を隠したままでやる気なく取り組むより、ずっといいと思うんです。

ネガティブ意見を引き出すときのコツってありますか？

私が心がけているのは、**「ネガポジ同時」**に引き出すことです。結構やりがちなのが、まずネガティブ意見だけを引き出しちゃうこと。そればっかり話してると、どうしても気分も後ろ向きになりますし、「やっぱりやらないほうがいいんじゃない?」「無理だよな……」といったムードになってしまいます。それを聞いてリーダーが「やる気あるのか!」と怒り出すというパターンはぜひ避けたい(笑)。

そうならないためにも、例えばこれから取り組むことについてのネガティブ=「気がかり」と、ポジティブ=「うまくいったら生まれる成果」と、「成功のために大事だと思うこと」を一緒に出してもらう。どちらもたくさん出した上で、「気がかり」には何らかの対策を打ちましょうよ、成果が出る可能性があるんだったら、前向きに取り組みましょうよ、と促していきます。

特に、「成功のために大事だと思うこと」はイコール、リーダーがメンバーにやってほしいことと、つながってることが多いんです。大事なことなんだったらやろうよ、どうやったらやれるかを考えようよと、ここでも促すんです。

具体的にはどんな感じになるんですか？

例えば、「女性活躍推進」がテーマの会議の場合。うまくいったら「職場が活性化する」とか「入社希望者が増える」と思うけど、「出産時の対応」とか、「時短社員が増えたらどうなる」とか、「給料面での不公平が出るんじゃないの」とかいろんな気がかりもあるわけです。じゃあ、進めていく上で大事なことは？　って聞くと、「日頃のコミュニケーション」「制度をつくること」「みんなの協力」とか、そんな話が出てきます。

聞いてみると、こっちが伝えたいことって結構みんな思ってるんです。やっぱりみんなそう思ってるんじゃん、分かってるじゃん。けど、実行するには気がかりも心配事もあるんだったら、それをみんなでつぶしていこうという姿勢を持つことが大事なんだと思います。

他に、何か気をつけることは？

すごく大事なのは、そもそも話し合うテーマ設定と、メンバーからの反発や違う反応が出たときの柔軟な対応です。

例えば先に例として挙げた「女性活躍推進」も、女性活躍なんか正直どっちでもいいよ、もっと大事なことあるだろ、と本音で思っている人にしたら、このテーマ自体に反発しちゃうこともあり得るんですよね。それに対して、「考え方が古い」「そう考える人はチームには要らない」と切り捨てちゃうのも、アリかもしれません。全ての意見を必ずしも尊重しなければならないわけではないので。しかし、そういう人も含めて前向きな議論をしたいのであれば、テーマ自体を再考する余地もあると思うんです。

例えば「みんなの働きやすさを作るために何をすべきか」、というテーマにすると、話題がメンバーみんなのことになります。「職場の未来について考えてみる」もアリかもしれません。これらのテーマの背景にある社会状況をきちんとデータや事実で情報提供すれば、必ず「女性活躍」というキーワードは出てくると予測されるからです。

例えば営業会議とかでもそうです。新規顧客開拓についてディスカッションしよう、と言われた時点で「既存のお客様を大事にするのが先でしょう」と思っている人は最初から反発するかもしれません。

こんな風に、テーマからリーダーの意図が透けて見える場合、それ自体に反発する人がいるということを、まずは理解しておくこと。無用な反発を避けたいのであれば、テーマを再考することも一案です。その上で、出てくる意見を全て「なるほど、それも大事ですね」と取り上げる柔軟性を持つことが、どんな意見も言いやすい開かれた場をつくります。

このとき役に立つのが、「今日のテーマとは違いますが、ここに書いておきましょう」と使えるホワイトボードの**「脱線用スペース」**。反発やズレた意見も感情的にならずに、まずはメモして見える化していく姿勢が重要なのです。

ポイントレッスン2 引き出すべきか、伝えるべきか

どうもうまく意見を引き出せません。

　引き出してまとめるのがファシリテーションですが、「引き出すもの」を間違えていると、なかなかうまくいきません。例えばリーダーが「こうしたいなあ」とか、何らかの答えみたいなものを持ってるとしますよね。それをメンバーの口から言わせよう、引き出そうと思ったら駄目なんです。**必ずやらせたい指示や命令は、伝えるべきもの**であって、引き出すものではない。「必ずやってほしいこと」「守らせたいこと」、例えばやり方にパターンA、B、Cみたいなのはあるけど、今回はAじゃないと絶対に駄目な場合。議論の余地がないことはきちんと理由を添えて伝えることが大事です。

　だけど、例えばAでもいいし、Bでもいいし、Cでもいいよという場合。リーダーの中にアイデアはあって、どれかみんながやりたいパターンを選んでという場合は、選択をさせるということになりますよね。

また、リーダーとしてはA案がいいと思っている。でも未知のB案、C案というのもみんなと考えて、みんなが納得する形でやらせたいという場合には、リーダーの意見と他のアイデアも欲しい、というみんなへの期待を伝えた上で、どう思う？　と「引き出す」アプローチが効いてくるんです。

やってほしいと言ったところで、素直に聞いてくれないんですけど……。

確かに（笑）。

だからこそ、素直に聞いてくれない理由や「言い分」は、引き出すべきものじゃないかなと思うんです。本人が困っていることや、課題、現状認識や、目的意識など、さまざまな要素を引き出した上でリーダーとして「やらせたいこと」と本人たちの「問題意識」が、**解決に向けてちゃんとリンク**してるんだということを示していくことが大事だと思います。

例えば「これからうちは5Sに取り組む」というとき。「そんなことより、大事なことがあるだろ」「またそんな面倒くさい仕組みを始めるのか……」という不満が生まれることは、容易に想像できることじゃないかなと思います。

そんなときに考えたいのは、現場の人間が日々の仕事の中で何に悩んでいるのか、困っているのか、ということ。納期が厳しいとか、人手が足りないとか、みんなが持っている悩みに対して、この「5S」という取り組みがどのような効果を生んで、自分たちにどんなメリットがあるのかを考えさせる。

その上で、「あ、これは大事だな」「やるといいことありそう」と思えるように促していくのが、ファシリテーティブな関わりだと思うんです。

そしてもう一つ、**メンバーの「危機感」を引き出す**ことも、時に必要だと思います。「やらなきゃヤバイ」という感覚ですね。リーダーは未来も含めて全体を見ているので、「このままではマズイ」という危機感を感じていることが多いんですが、現場のメンバーは、目の前の自分の仕事が精一杯で、大局を見ていないこともよくあります。

10年後の世の中はどう変化しているのか。

10年前と今で違うことは何なのか。

メンバーから引き出すためには、考える基になる**情報やデータを提供する**ことも必要。さまざまな視点から、やりたいという気持ちや、やらなければ、という気持ちを刺激する方法論を持っておけば、あの手この手でメンバーに関わっていくことができるようになると思います。

いろいろ聞いてると、バラバラでまとまらなくなってしまいそうです……。

伝えるべきこと、引き出すべきことをきちんと整理すること。

意見を引き出し発散させるフェーズと、意見を整理しまとめていく収束のフェーズを区別すること。

そういったことを整理せず、全部ごちゃ混ぜしてしまうから、うまくいかないんだと思うんです。だから、まずはそこをしっかり整理しておくこと。それができれば、少しスッキリするんじゃないかなと思います。

ただ、いろんな人たちがいて、しかもみんなそれぞれ困ってることが違っていて、抱えているさまざまな課題や現状認識や目的意識というものも個別にみんな違うわけですよね。そんな状況でまとめたいと思うなら、「あ、それぞれみんな違うわけだね、その中から、でもここは共通しているよね」とか、「ここのところはみんな考えは違うけど、うちという会社はこうじゃん」など、**共通する部分を見つけていく**ことって大事。ここは共通してるね、ここはみんな違うねという風に整理していきます。

その上で、そもそもチームとして向かうべき目的やゴールには、どの選択肢が適切なのかを判断していくプロセスが大事なんだと思ってます。

コラム

レベルアップの4段階

「ファシリテーションを身に付けたい」と思ったら、まずは新しいスキルを身に付ける際に知っておくと便利な「Four stages of competence（スキル取得の4段階）」についても理解しておきましょう。

1970年代にGTI（Gordon Training Institute）メンバーによって提唱されたこの理論は、「できるようになる」までのプロセスを分かりやすく示してくれます。

Stage 1

Unconsciously unskilled.（無意識的無能：知らないしできない）

「ファシリテーション？　聞いたことないなぁ。」

私たちは、知らないことには取り組めませんし、できるようになりたいという意欲も湧きません。最初の段階ステージ1は、できない自分に気づいていない、そもそもそんなスキルがあることも知らない段階です。

ここから次のステージに進むために必要なのは、「気づき」です。
新しいスキル、知識、情報があることに「気づく」こと。
また、自分に課題があることに「気づく」こと。

周りを、自分を改めて振り返ってみれば、レベルアップにつながる気づきはいくらでも見つかります。例えばP20～でチェックした「ファシリーダー度チェックリスト」から、自分の課題に気づけた方もいらっしゃるのではないでしょうか。

「ウチのメンバー、あいさつができないんですよ」と苦々しい顔でおっしゃる社長が実は社員からのあいさつを軽く受け流していたり、「若手とはよく話しています」と言う部長の対話を見てみると、ひたすらお説教になっていたり。自分ではできているつもり、でも実は……ということが、私たちにはよくあります。

「あの人の話は分かりにくい」「言ったのに分かってくれない」など、周りの誰かにイラっときたら、まずはしっかり深呼吸。自分の伝え方や聞き方の問題かもしれない、レベルアップのチャンスかも、と考えることをオススメします。

今までのやり方が通じない相手との出会いは、自分の対応力を磨き、新たなやり方を身に付けるまたとないチャンスです。気づけた自分を誇らしく思いながら、次のステージに進んでいきましょう。

Stage 2 Consciously unskilled.（意識的無能：知ってるけどできない）

「ファシリテーション、知ってるよ！　でも現場でやるのは難しくってさぁ」

気づけた先の次の段階、ここは試練のステージです。

やるべきことは分かっているのに、どうしてうまくできないんだ……

stage2のこの状態、できない自分を自覚して、なかなかツラく苦しい時期です。

スポーツや楽器演奏、ダンスなんかで考えてみると想像しやすくなるでしょうか。

簡単そうに見えるステップも、やってみたらうまくできない。頭で分かっているはずなのに、どうしても体がうまく動かない。多くの人はここで諦め、練習自体をやめてしまいます。できない自分に目をつぶり、向いてないしとやめてしまう。

褒めてないなと反省して、部下を褒めたら「気持ち悪い」と言われた。

相手の話を聞こうと思っていたハズなのに、気づけばなぜだか説教タイムに……。

そんな反省を抱えながらも継続していこうと思ったら、必要なのは仲間の存在。ファシリテーションに取り組む際には、ぜひ社内で、社外で、学習仲間を見つけておくことをお勧めします。うまくいったこと、いかなかったこと、どちらも話せる、今後に向けての改善について相談できる相手がいれば、きっと次のステージにたどり着く日は遠くありません。

初めての取り組みは、うまくいかなくて当たり前。失敗話も笑い飛ばせる仲間とともに、どんどんレベルアップしていきましょう。

Stage 3 Consciously skilled.（意識的有能：意識するとできる）

「思い出したらやってるよ。つい自己流に戻っちゃうけど」

だんだんレベルが上がってきたら、次の課題は「忘れないこと」。たとえできるようになったとしても、慣れないうちは元のやり方に引きずられがち。会議ではホワイトボードを使えるのに、日々のミーティングでは、つい忘れてしまったり、ファシリテーションすること自体を、キレイに忘れてしまったり。

ステージ3に上がったら、忘れず実践する「仕組み」をきちんと整えておきましょう。会議を進めるルールを掲示して共有するとか、ファシリーダーとしての重点課題を自分のデスクに貼っておくとか、さまざまな仕組みをの力を借りて、やらざるを得ない状態をつくることが重要です。

わが社では、「ホワイトボードミーティングが当たり前」となったらシメたもの。毎日の実践のためにも、周りを仕組みで巻き込んでいきましょう。

Stage 4 Unconsciously skilled.（無意識的有能：意識せずともできる）

「やって当然、特に意識はしてないけどね」

仕組みを整え、毎日実践していたら、知らぬ間にたどり着くのがこのステージ。意識せずとも自然にできる、ファシリテーションスキルが「自分のもの」になった状態です。

ファシリーダーとしてチームをうまく回し、きっと成果を生み出せている、そんな状態になっているハズです。


もしもそうなっていないなら、まだまだ他にもレベルアップのタネが眠っている証拠。

ステージ1を思い出し、周りに自分の課題を聞いてみたり、再び「ファシリーダー度チェック」に戻り、新たな成長課題を見つけて取り組んだりすることもオススメです。


自分が変われば周りも変わる。

自分の行動や態度を見直し、レベルアップしていくことが、結果、周りをより良く変化させていきます。


うまくいかない、と思った時こそトレーニングのチャンス。

レベルアップの階段を、どんどん登っていきましょう。

Part 1

ファシリテーションの基本

ツツジ建材
引き出して、まとめる
Story 1
ここは地方の建材メーカー代理店——
そして僕は川上シゲオ メーカーから期限つきで出向してきた若手社員です
え〜〜…新建材開発にあたって代理店さんからも意見を募集したいということになりまして…
地域独特のアイデアなどですねございましたら…
あっそう メーカーさんは呑気だね

私らは目の前のもの売るので精一杯だよ
営業部長
蓮中
新建材ねえ…この時代に新しいアイデアなんてそうそうないいんじゃないスか？
それこそメーカーさんの開発部の仕事でしょ
現場主任
蛍原
まぁ…何かあったら考えときます
期待しないでほしいですけど…
営業部員
山萩
それよりグリーンタウンの数字どうなってるの？
ツツジ建材　社長
浜寺

そこは工務店さんの頑張り次第でしょう
…前の会議でもそう言ってたがそれじゃ困るんだよ
なんとかならんか
またその話ですか社長～
ダメだ相手にされない…
俺ほんとにいらないいよな
聞いたほうがいいよ頭下げて
あの…グリーンタウンって何ですか？
メーカーさんには関係ないよこっちの話だ
後学のために伺っておこうかと…
あんたに言うとすぐ付箋紙配るからな
うっ

えっと…新興住宅地なんですけど
学校が近いのや今度できるショッピングモールからも程よい距離で子育て世代に人気なんです
大手ハウスメーカーの建売もありますが地元工務店の注文住宅を選ばれるお客様もいらっしゃいます
ただ注文住宅も大手ハウスメーカーの押しが強くて…地元工務店は苦戦中なんです
大手ってどこですか？
X社です
X社かぁ…ちょっと品質の印象がよくない……
ですよね…私たちもそう思うんですがPRが派手で
誕生
モデルハウスはやっぱり説得力あるよなァ
大手にはかないませんよね～
そんなのは今に始まったことじゃないでしょう

う〜ん…
…あのう…いい機会なので お尋ねしたいんですが
なんだね？
私のこと どう思ってます？
なんだ その聞き方
片思いか
どう思ってるかって… そりゃ「メーカーの人」だよ
とにかく自社製品が売れりゃいいんだろう
そして それも当然のことだ
いえ… まあそれは その通りなんですが…
せっかく来たからには力になりたいと思ってて

よく分からんが来ていきなり付箋紙配ることが私らの力になると思ったのか？
工務店への提案力を上げましょう
うっ
セミナーでフレームワークを習ったのでよかれと思って…
付箋紙で売上上がったら苦労ないわな
まぁ　やる気があるのはありがたいが
こっちにはこっちの事情や仕事があるんだ
余計なことしてかき回さんでくれ
あっ　はい…

だくだくだくだくだく
やっぱり僕なんかいらない子なんだ…!!
あっはははははは
なんで笑うんですか!
ひどい!!
ごめんごめん
そこまで悲観することないじゃないの
「余計なことしてかき回すな」って言われたんでしょ?
じゃあ余計じゃないことをしたらいいんじゃない?
言ったでしょファシリテーションは直訳すると「促進すること」「容易にすること」

チームの仕事がやりやすくなるように後押しすることよ
そのために「引き出して」…
「まとめる」
そうだ ホワイトボードの使い方を具体的に…
まずは事前にこれだけ書いておくといいわね

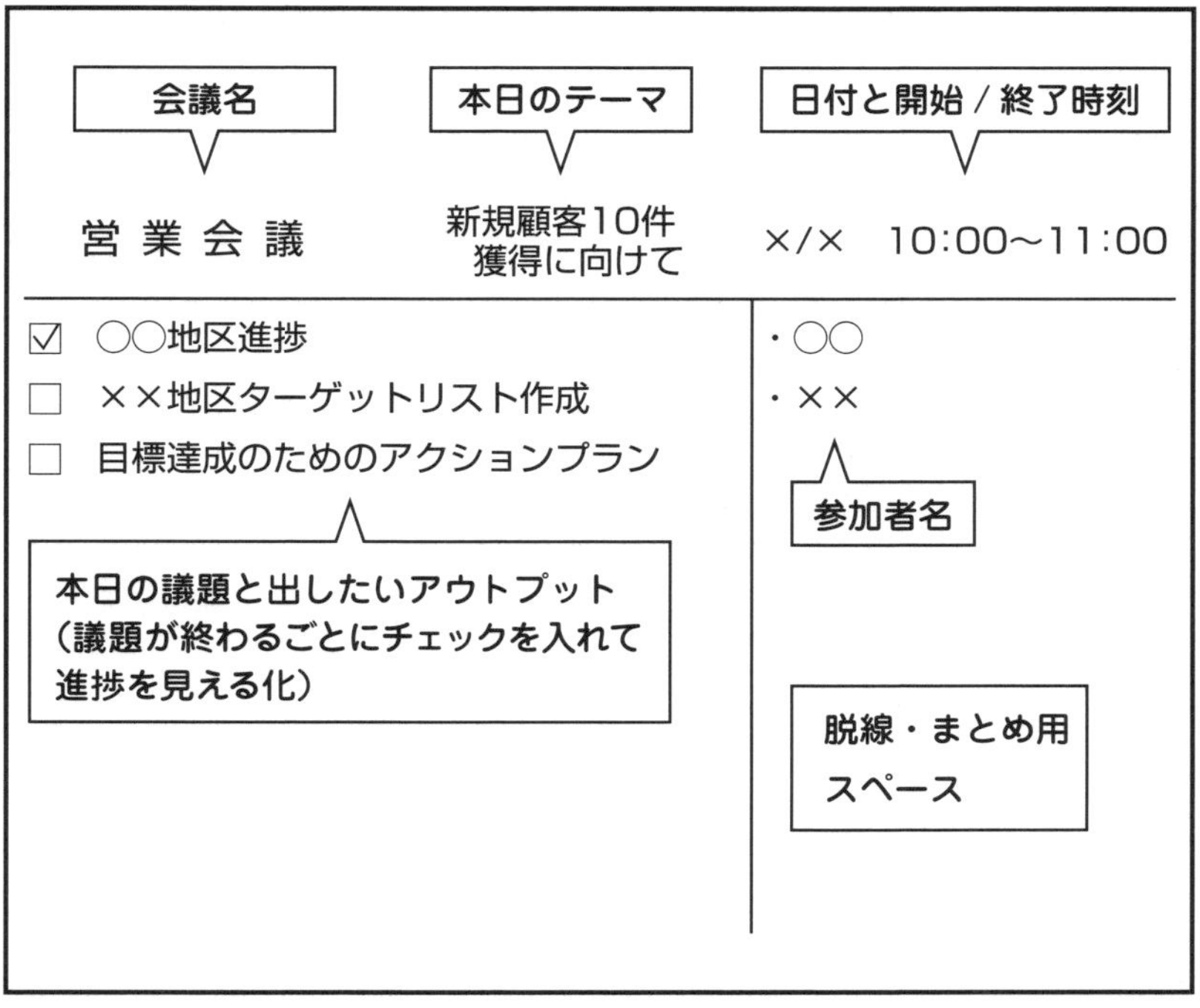
会議名
本日のテーマ
日付と開始/終了時刻
営業会議
新規顧客10件獲得に向けて
×/×　10:00〜11:00
☑　〇〇地区進捗
□　××地区ターゲットリスト作成
□　目標達成のためのアクションプラン
本日の議題と出したいアウトプット（議題が終わるごとにチェックを入れて進捗を見える化）
・〇〇
・××
参加者名
脱線・まとめ用スペース

やって みましょうか？
今回だと…「ファシリテーション」「ホワイトボードを使った進め方」…「テーマ設定のコツ」あたりかしらね
ファシリテーション講座 20XX.X.X. 20:00~21:00
□ ホワイトボードを使った進め方
□ テーマ設定のコツ
・山中
・川上くん
ふむ ふむ
書き方は分かりましたけど…
僕みたいにそもそも抵抗感持たれてるとそもそも喋ってくれない気がするんですが
あんな奴に話すか
そこはねえ…結局 普段のコミュニケーションによるところはあるんだけれど…

じゃ「自分に抵抗感を持たれてる場合どうしたらいいか？」みたいな感じかしら
・自分に抵抗感
そうですね
…ちなみに書くときだけどこんなふうに文言を発言者に確認するといいわ
発言内容を曲げられたらイヤでしょ
なるほど
…でやっぱり普段から意見をなんでも言えるようなコミュニケーションをとっておくのが一番なのよ
「この人なら安心して話せる」っていう信頼感を蓄積していくのは大事よね
僕の場合そこからコケてるので……
なんとか会議の場だけでもごまかせませんかね
ごまかすというか…

ファシリテーターとして大切な態度はまず「中立であること」
・A
・B
・C
C
A
B
さっきも文言を確認してみせたように「引き出し役」として動くの
自分の都合でなくね
確かに…「どうせメーカーの人間だろ」ってのは
「どうせ本社の都合で動くんだろ」って意味ですもんね
本社
反発って大抵「自分たちの言い分は検討してくれないいんだろ」って意味なのよ
一方的な会議ってやる気しなくない？
あ～～言われてみれば……
本社で会議してても報告したことに対して上役の追及ばかりだと「そんなの分かってるよ」ってなりますね
僕がここにいる意味あるのかなって
じゃ逆にどうしてほしかった？

まず
思い通りの結果に
ならない理由を
聞いてほしかった
ですかね…
結果出したく
ないわけない
んだし
一人では
できないから
こうなってる
わけで…
できれば一緒に
考えてほしかった
というか…
そうか
それはなにも
ボスでなくても
会議の場で共有
されてれば
誰か気に留めて
くれてたかも
しれないのか…
@問題
ふーむ
一緒に考えて
くれる人が
出てきてたかも
そうそう
そのために
こうして
話題を
共有するのが
大事になって
来るのよ
うん　だんだん
分かってきました
・中立であること
・ホワイトボードで
話題を共有すること
…って
書いてください
あと
・文言の確認
も
ノッてきたわね
ついでに言うと
「中立であること」
の一つとして
「全員が発言できる
ように話をふる」
ってのもあるわね

常に目くばりして「発言してないな」と思ったらふってあげるの
どう思いますか
……
あーー特定の人が喋りっぱなしとかあるあるですね
じゃ それも書いといてください
次に…「テーマ設定のコツ」ってなんですか？
これはね～…
話し合いのテーマそのものに反発を覚えられるケースがたまにあるわけよ
例えばだけど…居酒屋チェーンでリーダー的には新規出店が明らかに必要だと思ってる場面でも
新規出店
“新規出店について”をテーマにしてしまうと「既存店のテコ入れが大事だろ」って思ってる人はその時点で反発するわけ

リーダーには決断しなきゃいけないこともあるわけよ
さっきの「中立」って話と矛盾するようだけど
この方向に持っていきたいというケースがあるわけ
その場合でも反対派を置いていかないということですか
そういうことね
「全員に関係するテーマ」にするとスムーズな場合があるの
来店客増加にむけて
既存店のテコ入れ
新規出店
いまの例だと…ここでリーダーが「新規出店が必要な局面なんだ」というデータをきちんと提供できさえすれば
来店客の増加を考える上で「新店舗があった方がいいよね」って流れになるからね
DATA
なるほど

納得してない人を置き去りにすると チームはバラバラになって 結局はうまくいかないじゃない？
それを防ぐために「なぜそれをしなければいけないのか」を一緒に考える時間をつくるのもひとつの手ってことね
回りくどいようだけど時には必要
大事なのは「リーダーの意図が透けてみえると反発する人が出るものだ」と知っておくこと
それを恐れる必要はないけれど
違う意見が出てきたときに感情的にならずに一旦受けとめて脱線用スペースに書き残す…
あるいは皆で考える時間をつくる
・A案
・B案
・C案
すると「どんな意見でも言いやすい開かれた場」ができるのよ

営業会議――
なんだ？ホワイトボード？
また妙なこと始めるつもりか
はい書記として…議事録代わりになればと
あんたも凝りないなあ
とりあえずホワイトボードの使い方を身に付けたい…
あと信頼してほしい……
では定例会議始めます
A社が納期を一週間早めてほしいとのことで…
B社から追加注文があったのですが…
ふむふむ

…じゃあ あっちから少し融通できないか聞いてみます
可能だったら私が手配するので
そういえば補修状況の確認なんだが…
…あれ？ なんかいい感じ
皆が話題を共有して気づきあって…
自分がいる意味あるのか分からない会議とはちがう…
…うん？ 今日はなんか早く終わったな
スムーズだった気がするぞ
ちょっとホワイトボード撮らしてもらっていいい？
うまいこと まとめたな

よし じゃあ ちょっと早いけど 解散だな
あの… すみません
あと15分…
先日の グリーンタウンの 件で提案なんです けれど…
僕も この人たちの 仲間に なりたい…!
……
いや それはだから 工務店さんの 頑張り次第で
我々の 仕事では ……
考えたんですが… 私は積極的に 行ったほうがいいと 思うんです
工務店さんの 営業サポートに なるようなことを こちらから 仕掛けては いかがでしょう?
ふ〜ん 例えば?
建材 イベント とか…
おっ イベント! いいね!
…、
おまえは そうして すぐ祭りに 食いつく…

…でも「なんでも言える自由な場」ってネガティブな意見も出てくると思うんですけれど
いいところに気づいたわね
ネガティブ意見も大事よ
むしろ言ってもらった方がいいわ
でもまとめるの大変じゃないですか?
イベントなんてまた余計な仕事が増えるだけじゃないか
つまりその…業務量が増えるということでしょうか?
業務量が増える
ネガティブ意見ってようするに「気がかり」ってことでしょう
逆にいえば気がかりさえ解消できたらポジティブになるとも言えるわね
気がかり
気がかりを洗い出すのもファシリテーターの仕事……
「臭いものに蓋」をしてばかりのチームはいずれ立ち行かなくなるわ

工務店さんの方でも協力してもらわなくちゃいけないし…
そうすると打ち合わせなんかも必要だろう
「工務店の協力が必要」「すり合わせ業務が必要」…って感じでしょうか
とはいえネガティブ意見ばかりだと検討が進まないことも事実よね
そういう時はねネガティブとポジティブの両方引き出すといいの
ネガ
ポジ
これが実現したらメリットもあるんでしょうか?
そりゃうまくいけばな うちが扱ってる建材の方がいいに決まってる
工務店さんだってアピールしたがってますよ
きめ細かい対応なら得意ですし大手みたいに広告打ったりしないから安上がりですし
そんなことは知ってるしかしだな…

山萩さんはどう思われます？

えっとあの…

そうですね…お子さんと一緒に思い出をつくっていくお家なんだから私は自信持っておすすめできる工務店さんをご紹介したいです
TVCMで選ぶとかじゃなくて…

……

…イベントは何日間どこで開催するつもりなんだ？

集客はどうする？

TVCMやモデルハウス以上の効果が見込めると思うか？

完璧主義過ぎますよ…！

何もやらないよりはいいでしょう
確かにもっと具体的な計画を出してくれないと…

あの…これはほんとに私の思いつきなので
実際やるかどうかは皆さんに聞いて判断しないといけないんですけど

私はぜひ皆さんのお仕事を広くお客様に知っていただく機会ができたらと思っています
本社にも何か協力してもらえないか聞いてみます
また一人で突っ走ってしまった気がする…
まぁいっか言いたいこと言えてスッキリしたし
よっこら

もしやるとなったらメーカーさん…いや　川上くん
君が中心となって仕切れるんだろうな
蓮中さん…
他に手が空いてる者はいないぞ
言ったはずだうちにはうちの仕事がある
おろそかにはできない
はい　あの明日にも社内をまわって感触を聞いてこようと思うんです
もちろん工務店さんもヒアリングしてまわります
そんなに大規模なものは想定してなくて
子育て世代の皆さんに建材のことや地元工務店さんのことをとりあえず知ってもらうってイメージです
できれば晴れた日がいいなあ
5月の連休とか理想だけど会場とれるかな

家を建てるって夢ですもんね
お客さんが理想を具体化できる
これからの暮らしを想像できるような…そういう場にしたいんです
そうだ我々の顧客はこの町にいる…メーカーではないし突き詰めれば工務店ですらないんだ
ようやく分かってくれたようだな
まぁ私もいろいろ聞いてまわってみるよ工務店や関係者…それからなんだっけ？新建材案か…考えておこう

あ…ありがとうございます！
やる気は分かったから一人で勝手に合点して突っ走ろうとするな
一人じゃできないことをやるのがチームだ
ファシリテーションスキルってね
なにも「その場で結論を出すこと」じゃないのよ
たとえ会議の場で結論が出なくても
ふと思い出したときにその話題が続いていく火種のような時間であればいいの

最終目的は
プロジェクトが
うまくいくこと
チームが
一つになること
日常が
活性化すること
それを助けるのが
ファシリテーティブ・
リーダー
略して
ファシリーダー
ね！
うお～～～
やるぞ～～～～!!!

03

会議嫌いでも、まずはこれだけ

「会議？　キライです」

多くの人が「無意味」「無駄」「出たくない」と口にする。業種業界を問わず、会議はなかなかの嫌われ者です。

キライな理由を伺うと、ＴＯＰ３は大体こちら。

・時間が長い
・意見が出ない
・結論が出ない

せっかく多くの人が時間を割いて集まっているというのに、これでは確かにもったいない。どうせなら、参加メンバーが「やって良かった！」と思える意義ある時間にしたいものです。

□時間通りに終わる。
□みんな活発に意見を出す。

□必ず何らかの結論が出る。

そんな会議にするための、便利な道具が**「ホワイトボード」**。上手な使い方を知って、人が集まる議論の場を有意義なモノに変えていきましょう。

白紙のホワイトボードを前にして、まず書いておきたいのは、

○会議タイトル
○本日のテーマ
○参加者名
○本日の議題と出したいアウトプット
○日時（開始時刻と終了予定時刻）

これらを書いておくだけで、脱線や結論が出ないといった会議の問題が随分減るはずですし、メンバーが目線を上げて対話することも促せます。

また、前回のディスカッション内容をベースに進める場合は、ここまでの振り返りの時間を最初にとることも有効です。

・ここまでの成果
・今後の流れ

・今日出すべき成果

以上3点をしっかり共有しておきましょう。

最初に今日の目的を明示することで、みんなの方向性をしっかりそろえることにつながり、意見をまとまるための基礎固めができます。

ただ、実際に周囲のビジネスパーソンに聞いてみると、実は、ホワイトボードを使ったことがない、という方もかなりいるとのこと。

「そもそも会社の文化として使わない」

「リーダーになりたて。自分が書く側に回ったことはない」

「なんだか大げさ。メモ程度のレジュメで十分では？」

理由はどうあれ、みんなが座る会議室で、ひとりだけホワイトボードの前に立って進行するのも恥ずかしい……そんな気持ちも分かります。

そういう場合は、会議が始まる前に書いておくことをお勧めします。始まる前に書いておいて、会議中はホワイトボードの近くに座りましょう。

もし可能なら、議題が一つ終わるごとにチェックを入れて、進捗も見える化し、どこまで進んだかを共有するとスムーズです。

そして、みんなに守ってほしい「会議のルール」もしっかり「見せて」共有します。

「どんな意見も大歓迎！」
「反対意見は理由を添えて」
「個人攻撃はＮＧ」

など、議論する上で意識してほしいことを見やすく掲示しておきましょう。

掲示しておくことで、自然とみんなの目に入り、意識してもらいやすくなります。掲示しておくだけでなく、議論の最初には必ずみんなでチェックし、ルールを確認する時間をとりましょう。そうすることで会議進行がよりスムーズになるのです。

04 会議中はボードにメモを取るだけ

ホワイトボードを使って議事進行をすることに慣れてきたら、次のステップはホワイトボードにメモを取ることに挑戦してください。

例えば、皆さんは誰かと何かを話し合う場合、メモはそれぞれ自分のノートや配布資料に書いていませんか？　実はこれが大問題です。

私たちは聞いた話を、自分に都合のいいように解釈し、自分の言葉でメモを取ります。同じ会議に出ていたはずなのに、後で意見交換してみると、「そんな話、してたっけ？」というようなズレを感じることも多いのではないでしょうか。

メンバーの意見を引き出して、チームの意見にまとめたいなら、まずは個別のノートをやめ、みんなに見えるホワイトボードに共通のメモを取るよう促しましょう。自然とメンバーの目線も上がり、ボードを見ながらのディスカッションに。みんなの意見を確認しながら書き留めていくことで、その場の意見も自然と集約されていきます。書かれた言葉に刺激され、新しい意見が生まれたり、意見の重複を防いだり。そんな効果も期待できるのです。

書くときのコツは、**発言者や会場と対話しながら進める**こと。

自分の発言が自分の意図とは違う言葉で残されるのはとても気持ち悪いものです。メモをまとめたら、必ず発言者に、「これでいいですか？」と確認しましょう。

きちんと確認することで、ここは発言を丁寧に扱ってくれる場だ、という安心感も生まれるのです。間違えても消せるのがホワイトボードのいいところ。一度ぜひ、挑戦してみてください。

また、会議には、得てして議論を脱線させる人がいて、そもそも論を展開し、議論を停滞させたりします。

そんな場合も大丈夫。ホワイトボードの右端に、少しスペースをとって縦にラインを一本引きます。そして、今の議論と違う内容だなぁと思ったら、**メモをそのスペースに記入**します。

「とても大切なご意見ですが、今の議題とは違うので、ここに残しておきますね」

そう言って、メモをそのスペースに記入し、元の議題に戻りましょう。

書き留めておくことで、再びの脱線も防ぎやすくなりますし、発言者の気持ちも落ち着

きます。上手にホワイトボードを活用して、発言を整理していくのです。

そんな風にメモをまとめて会議進行していると、書くスペースがなくなってきた……。

こういう時も**ホワイトボードメモは消さずに、議論に活用**してください。議事の進行や、参加者からの意見を引き出す大切な道具であり、最終的には参加者全員でつくるこの場の共同作品だからです。残すべき部分と消しても大丈夫な部分、その後の進行を考えてその場の判断で取捨選択するのは難しいし、あまりお勧めできません。

もし消さざるを得ない場合は、少なくとも議事ごとに。その場合でも、デジカメなどでメモを撮影、保存しておきましょう。

会議スペースに十分な数のホワイトボードがない場合は**模造紙**を壁に貼ることでも代用できますし、特大サイズの付箋紙や、静電気でどこにでもくっつくホワイトボードシートも市販されています。模造紙などは、保管しておいて、次回の会議でそのまま活用することも可能です。模造紙を配られるとそれだけで「何か書く」こと、「まとめる」ことを促されますから、小さなグループごとに意見をまとめてほしいときにもおススメです。

また、もしも相手の話を聞いて書くのが苦手な場合は、**付箋紙**の活用も検討してみましょう。

議題に対して考える時間をとり、それぞれに大きめの付箋紙を渡して意見を書いてもらいます。その場合、掲示した時に読めるように「太目のペン」を使って、「1枚に1意見」のルールで書くことが大切です。

あらかじめ付箋紙に意見を書いてもらい、付箋紙を貼り出すことで「見える化」すれば、後でまとめるのも簡単。同じ意見をまとめてタイトルを付ける「親和図」も作れます。

アイデア出しの会議など、一人いくつとアイデアの個数を決めて出させる場合、その枚数を配っておけば「全部書き切った‼」という達成感も生まれます。

説明会など、質疑応答が多くなりそうな場合も付箋紙が活躍します。口々に質問するのではなく、付箋紙に書いて集めることで、答える側も整理することができるのです。

ただし、マンガの主人公川上くんのように突然付箋紙を配っても驚かれるだけですから、やる目的と進め方の説明は丁寧にすることが大切です。

色々なやり方でホワイトボードや、ホワイトボードにプラスで使える、便利な小道具の力を借りて、脱ダラダラミーティング！　チームに効く、活きた時間に変えていきましょう。

05 意見をどんどん引き出す質問のコツ

ホワイトボードの基本の使い方がわかったら、次はメンバーから意見を引き出す「質問力」も磨いておきましょう。

リーダーが質問を使いこなすためのポイントを3つご紹介します。

①ポジティブな言葉を使う

私たちは聞かれたことを聞かれた通りに考えます。相手にポジティブな思考を促したければ、「なぜうまくいかないの?」ではなく、「どうすればうまくいくと思う?」といった、ポジティブな言葉を使うことが肝要です。表現にひと工夫した質問で、メンバーの前向きな思考を引き出して行きましょう。

②相手のために質問する

メンバーの意見を引き出す時の質問は、自分が知りたいことを聞く情報収集のための質問だけではありません。メンバーの思考を促し、視点を広げ、新しい気づきや行動を引き出すことで成長させる「相手のための質問」です。そんな質問力を養うために、まずは質問の種類からまとめてみましょう。

○レベル１　Ｙｅｓ／Ｎｏ質問

はい、いいえで答えられる質問。情報や相手の意思を確認したいときなどに使います。

○レベル２　選択型質問（ｗｈｉｃｈ）

選択肢を提示して相手に選ぶことを促す質問。すでにある程度条件がそろっているときに使います。

○レベル３　情報限定型質問（ｗｈｏ／ｗｈｅｒｅ／ｗｈｅｎ）

いつ、どこで、誰がなど、答えの範囲がある程度限定される質問。相手に範囲を絞って考えさせたいときに使います。

○レベル４　自由回答型質問（ｗｈａｔ／ｈｏｗ）

範囲も答えも、相手が自由に答えられる質問。発想を限定せず、相手に広く考えることを促したいときに使います。

このレベル4は、とても自由度の高い質問です。どんな答えが返ってくるかは相手次第。自由度が高過ぎて、相手の成熟度によっては答えられないことも多いものです。しかし、質問されることで考え、答えられない自分に気づき、成長のきっかけにもつながる効果は生まれます。答えが返ってこなくても、相手に与える影響は大きいもの。普段から、レベル4の質問をぜひ活用してくださいね。

③質問はシンプルに

私たちは、一度にいろんなことを聞かれても、すぐには処理し切れません。相手に良質な思考の時間を与えるために、質問はシンプルに、かつ1度に1つだけ、と意識しましょう。

特に定番に加えてほしいのは、次のシンプルな2つの質問です。

その１　**「具体的に言うと？」**

現状や目標をぼんやりと曖昧に捉えているメンバーに、具体的に考えさせることを促します。「具体的には？」と聞かれると、自然と事実や出来事に意識が向きます。なんとなくそう思ってるだけだった、と気づくことも。普段から繰り返し問いかけることで、メンバーの思考を深め、根拠ある発言を引き出せるようになります。

その２　**「他には？」**

質問をして、ひとつ答えが返ってきたら、「他には？」と聞いて広げましょう。まずはたくさん引き出して広げ、その後で優先順位を付けてまとめます。私たちはひとつ答えが返ってくると、ついついそこで満足してしまいがち。最初に出てくる答えは、無難な意見が多いもの。こう聞くことで、相手の思考を広げることにつながります。

日頃から、メンバーに深く、広く考えさせる問いを使うことで、チーム全体の思考力は間違いなく上がります。質問は、思考のスイッチ。質問力を上げる３つのポイントを意識して、メンバーからさまざまな意見をどんどん引き出していきましょう。

06 チームに必要なのはどんな人？ 理想と現実を整理しよう

「ウチにはいい人がいないんですよ……」

こう嘆くリーダーに、「じゃあどんな人が必要なんですか？」と質問すると、「優秀な人」「仕事がデキる人」など曖昧な答えが返ってくることも多いもの。チームをより良くまとめようと思うなら、メンバーについてきちんと分析し、把握しておくことも重要です。

チームに必要な理想の人材とはどんな人なのか。

現在チームにいる人材は、一体どんな人なのか。

現状を整理し、未来の理想像を考えるために、次の3ステップで整理してみましょう。

1）やるべき仕事を考える

みなさんのチームに求められている役割や、仕事は何ですか？　今求められていること、これから求められるようになることなど、できているできていないに関係なく、思いつく限り全てリストアップします。

2) 現在のメンバーを考えてみる

全ての仕事をリストアップできたら、チームのメンバーについて、どの仕事が得意で、どれが苦手かを分析してみましょう。

3) メンバーの理想的状態を考える

現状を分析したら、将来はどうなってほしいか、どんな仕事をできるようになってほしいかを考えます。理想と現状が明確になってこそ、効果的な育成もチーム編成も可能になるのです。

また、一般的に求められる理想の社会人像から現状分析する方法もおススメです。

例えば、経済産業省が２００６年から提唱している **「社会人基礎力」**。

そこにうたわれているのは、「前に踏み出す力」「考え抜く力」「チームで働く力」の３つの能力です。これらは12の能力要素からなり、まとめると左のようになります。

これに加えて、

読み書きに関する基礎学力

個々の仕事特有の専門知識

人間性や性格など、さまざまな項目でメンバーのデータベースを整えておきましょう。

「でも、どんな人材か客観的に知るにはどうしたら?」

そう思ったら、世間でよく使われている診断テストを活用してみるのも一案。紙ベースのものからWEBテストまで、無料のものから有料のものまで、さまざまな形態のサービスがありますから、参考にしてみてください。

・ビジネスに必要な経済知力を測る日経TEST〈http://ntest.nikkei.jp/〉
・世界40カ国以上に拠点を持つ世界最大の

アセスメント・サービス・プロバイダー

日本エス・エイチ・エル株式会社〈http://www.shl.co.jp/〉

・適性検査についてのポータルサイト

日本の人事部「適性検査.jp」〈http://hr-tekisei.jp/〉

・リクルートキャリア「ＳＰＩ３」〈http://www.spi.recruit.co.jp/〉

自分の強みや特徴が分からず、未来イメージを描けずに悩んでいるメンバーにとって、自分を知る機会を持つことは大きなチャンスでもあります。

メンバーの成長課題を明らかにして、チーム全体のレベルを引き上げていきましょう。

Part 2

ファシリテーションの実践

…工務店の下請け状態を
脱却するために
提案力を上げる必要が
あると思うんです！
個別対応と
場のデザイン
Story 2
ツツジ建材
提案力を高めて
ブランド力を
つけましょう！
では
一人10個ずつ
アイデアを…

はァ
悪い夢をみていた気がする…

いざという時に腹を割って話してくれるかどうかはやっぱり普段のコミュニケーションがものをいうわよね
…とのことなので
できるだけ積極的にコミュニケーションをとろうと頑張っています
おはようございま～す
社長！お花の水換えておきました！
…あ　そう
おはようさん
……
いや！まだまだこれから
蛍原さん！
今日お願いしてた工務店さんへの同行なんですが
…
あ～！今日だっけ？
忘れてたよじゃあいい時に声掛けるから

……
山萩さん 主だった取引先のリストって出してもらっていいですか
はい…？
イベントの件お話して回りたいので……
えっ あっ 今ですか…？
はい できれば今すぐ
分かりました少々お待ちください…
山萩さ～ん
午後の会議用の資料
印刷してまとめといてもらっていい？
ごめんねー
あっ はい 分かりました!!

カタカタ
……
また忘れられそう…
あっ蓮中部長!
何かお手伝いできることは…
?
特にないな
いや～今日は蛍原さんにお願いして工務店さんへお邪魔しようかと
そうかやればいい
…あっそうだ! 先日お話した新建材案ってなにか考えていただけたでしょうか…
ギロリ
忙しい
なにが言いたい?

北の旨み
めそめそめそめそめそ
やっぱり僕なんて…!!
大丈夫だから!
取って喰われるわけじゃないでしょ〜
部長なんてこないだすごくカッコよかったのに!!
優しかったのに!!
いつもの怖い人に戻ってて
それがチームだ
うん 怖い人というよりドライビングタイプなんじゃないかな
ドライビング?運転ですか
ちがうちがう

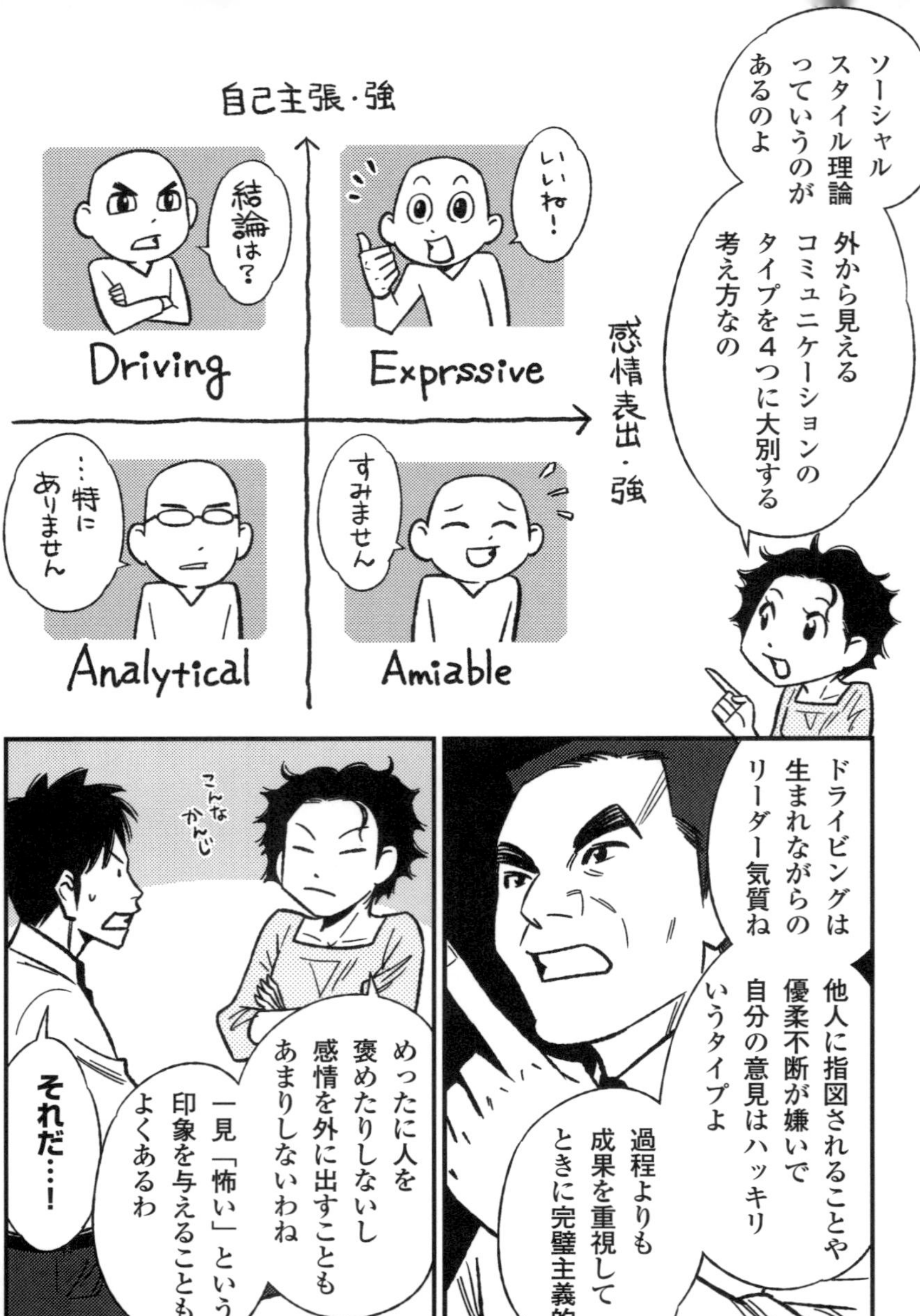
ソーシャルスタイル理論っていうのがあるのよ
外から見えるコミュニケーションのタイプを４つに大別する考え方なの
自己主張・強
感情表出・強
いいね！
Exprssive
結論は？
Driving
すみません
Amiable
…特にありません
Analytical
ドライビングは生まれながらのリーダー気質ね
他人に指図されることや優柔不断が嫌いで自分の意見はハッキリいうタイプよ
過程よりも成果を重視してときに完璧主義的
こんなかんじ
めったに人を褒めたりしないし感情を外に出すこともあまりしないわね
一見「怖い」という印象を与えることもよくあるわ
それだ…！

同じように自己主張が強いタイプで感情表現も豊かなのがエクスプレッシブ
とにかく楽観的でノリがいいことが特徴よ
事業やプロジェクトを立ち上げることは得意でも継続することが苦手
安請け合いしたり聞いた話もけっこう忘れたりするわね
うっ蛍原さん……
自己主張は弱いけど優しい感情は比較的よく出るのが　エミアブル
ニコニコして縁の下の力持ちタイプ人の役に立ちたいタイプね
頼まれるとイヤといえなくて抱え込んじゃったりするわ
自己主張も感情表出も弱いのがアナリティカル
職人気質でいつも冷静に正確にものごとを分析したいタイプよ
いい加減な対応をするのもされるのも嫌いで「何を考えているのかわからない」と思われがちね

すべて当てはまるバランス型もいるんだけど…
どれが良い悪いじゃないのよ それぞれに活かすべき特性があって
それを引き出してまとめ上げるのもファシリテーションスキルのうちよね
ドライビングから引き出すために効果的なのは「教えてください」スタイル
ツジ建材
蓮中部長
話をするときは事前に短くまとめて結論から
先日のイベントの件 イメージをまとめてみたんですけれど
ご意見ぜひお聞かせください
なるほど 会場はシティーホールプラザがいいだろうな
年中いろいろな催し物をやっているから流れで入ってくるお客もあるかもしれないし安く借りられる
ホールDなら小さめだし明るくていい
ありがとうございます!!

これから参加工務店を募ります！決まったらご報告します
うむ
説明や連絡はきちんとすることね
おっイベントの話
蛍原さん
エクスプレッシブに効果的なのは「会話を楽しむ」こと
決まったら俺 着ぐるみ着ようかな
バルーンアートとかやっちゃうよ
アハハいいですね
「いいね！」って言うと新しいアイデア楽しいアイデアをどんどん引き出せるわ
蛍原さんに盛り上げていただけると助かります
任してよ～
ムードメーカーとして頼りにされるとやる気を出すタイプね
忘れっぽいから確実にやってほしいことはチェックを忘れないこと
今日工務店さん行くとき一緒にお願いします！
はいよ～

エミアブルはなかなか本音を言わないわね引き出すときは「本音で」と添えるといいわ
率直なご意見もらえると助かります
率直な…
そうですね…早めに概要固めて参加店に伝えないといけないですね
あと机の配置はロの字型がいいと思います
気配り目配りは得意なタイプだから存在そのものへ感謝の気持ちを伝えるといいわ
あ　なるほどその方がいいですね
山萩さんに見てもらってよかった…ありがとうございます
アナリティカルへは考える時間をしっかりとってあげること
期限や質問内容をハッキリ伝えるとそれまでに準備を整えてきてくれるわ
来週の会議でご意見伺いたいので目を通しておいていただけますでしょうか？

この会場は土日の人出がこのくらいなので…
パンフレットはこのくらい用意して…
細かいデータに基づいた報告をして
計画や手順もきちんと伝えると信頼されるわね
なるほど？これくらいなら現実的だね
手間はかかりそうだけど予算も少なくすみそうだし
まあやってみなさいよ
ありがとうございます!!
ふんふふ～ん♪
いや～おかげさまで人生がバラ色になってきました

…というか
むしろこれが
僕の実力だった
のかな～
そーーれは
よかった
で　これから
どこで飲む？
今日は
家で少し
仕事したい
ので
なによ！
急に付き合い
悪くなって
いえ　じつは
明日　大きな
プロジェクトの
打ち上げが
あるので
そんな
毎日飲んで
いるわけには
ワーーオ
そんな
飲み会にも
役立つ
ファシリ
スキルが
あるんだ
けどな～
えっ
翌日――
蛍原さぁん
結局つき
あわされた
今日の
打ち上げ
なんです
けれど
こういう
ふうに
しては
どうかと…

へぇ～！ いいかもね
で 誰が準備…川上くん手伝ってもらっていい？
あっ はい じゃあ僕やります
打ち上げの場でただ漫然と飲むのもまあいいんだけど
できれば全員が達成感を感じてお互いにねぎらう時間でありたいじゃない
ええ まあ そうですね
うまくいった仕事ならまだしも反省点の多い仕事だと愚痴や互いの文句が増えたり…
下手するとネガティブな時間になるわけよ

それを防ぐためのアイデアとしては
例えば
メンバーの良かった点を整理して書き出してみるとかね
普段は照れくさくて褒められなくても
打ち上げの機会にリーダーが感謝を伝えてあげると
メンバーも「やってよかったな」って思えるわ
…というわけで皆さんのおかげで大きな山を越えることができました
ありがとうございましたッ!!
イエ～イ蛍原主任!!
そしてなんとッ!あの方からもメッセージが届いていますッ
え～誰…?
えー…営業の蓮中です
本日はかけつけることができませんでしたが…

げっ蓮中部長…!!
なんのダメ出しが…!
皆さんこの度は大型案件の完了誠におめでとうございます
我々からもムリを申し上げたことが多かったですが皆さんのチームワークのおかげで無事乗り切ることができました
本当にありがとうございました
は…蓮中部長…!!
蓮中さんがこんなに想ってくれてたなんて…!!
よかった…ムリ聞いてよかった…ッ
………

そうやって　普段
伝えられないような
感謝を伝える機会に
したり
職場とは違う
多面的なふれあいの
場にするのは
オススメね
忘年会くらい規模感のある
イベントだったら
ボーリングや
ボードゲームなどの
皆が参加できるゲームと
組み合わせるのもいいわ
平日の飲みだと
「翌日に響く」っていう
理由で嫌がる人も
多いから
終わりの
時間を
意識する
のも
大事よね
…飲み会への
強いこだわりが
感じられます
が…
参考に
なります
イヤまぁ
職場以外のコミュニ
ケーション機会も
見逃せないよねって
ことよ
上手に回せば
チームの結束も
強くなるから
あ〜今日は
楽しかった

蛍原さんが
こんなに
スパッと
切り上げるの
珍しいですね
最初の挨拶とか
ビデオレター
とか……
たまには
ああいうのも
いいですね
ん？ おう
俺のじゃ
ないんだわ
川上くんの
アイデア
だから
そうなんですか！
どうりで別人
みたいだと…
おい
失敬
だな？
まぁでも
川上くんの
おかげだよ
俺の株も
上がったな
いえ
蛍原さんの
株は別に
上がって
ませんが
そうなのかぁ
川上さんが…
は？
今度 相談に
乗ってください
私も近々
ミーティングの
仕切りを
しなくちゃ
いけなくて…
あっ はい
いいですよ！

打ち上げが反省会になることってありがちだけど
お酒の席だと思わず言い過ぎたり言われたほうも覚えてなかったりするのよ
話飛ぶけどPDCAってあるじゃない?
ありますね
こういうフレームワーク
計画 Plan
実行 Do
評価 Check
改善 Action
「CやAをやってない」ってケースがよくあるのよ

計画と実行はわかりやすいけど評価と改善は意識的に場を設けないとなかなかなされなかったりするのよね
PとDをくり返してるだけだったり…
Plan
Do
Check
Action
評価や改善の話はお酒の席だと個人の話で終わりがちだし
チームとしてのそれはシラフで冷静にやったほうがいいと思うわ
あの時のあれが…
そうですねー
ラップアップミーティング――
――というわけで今回の反省点や改善案をディスカッションしたく思います
皆さん1枚につき1点これに書いていただければ

□ 改善案

……………!
――やっと
僕の配る
付箋紙は
活きてきた

ファシリテーションは手法のことじゃない――
チーム活動を促進することスムーズにすること
全員が能力を発揮できるように目配りして引き出すこと
この姿勢があって初めて手法が活きるんだ――
いや～勉強になったわ
たしかに個々人で反省することはあってもチームみんなで振り返るってしてなかったかもなぁ
ま～た川上くんの株が上がってしまったか

川上さん あのう…
先日 お話した 私が担当 任されてる ミーティング なんですけれど
あっはい! 覚えてます
スムーズな やり方とか 盛り上がる やり方があれば お聞きしたい んですが…
大丈夫 ですよ 全然
Z大学 ご存知 ですか?
ああ… 川向こう の…?
そうです そこの 建築学科の 原田研究室 なんです けれど
新建材の研究にも 取り組んでいて 弊社にも協力の 打診があって…
新建材?
それ 興味あります! 以前話しましたが 本社が新建材の アイデアを募集 してて…
ですよね 丁度よかった

うちの妹経由の話なんですよ
それで川上さんのこと思い出して…
ありがとうっ!!
ありがとうございますっ!!
がっし
はっ
デッヘヘ～
まぁそういうわけで
Z大とのミーティング準備もがんばります
うわ～なんかイラつく…
誰のおかげで…
えっ
ちょっと待ってZ大って言った?

私　明日から Z大で講師 するんだけど
はぁ!?
それは 職員が対象 なんだけどさ
へ～ 建築学科かぁ なるほど～
私　関係ないとこ 食い込んでくの 得意なんだよね～
…何する つもり なんです かね
そりゃあ そのお相手 見とかないと♪
馬に 蹴られて しまえ!!
人の恋路を ジャマする 奴は!!

07 会議だけではない、日常でも使えるファシリテーション

マンガの中にもありましたが、会議やミーティングなどの場はもちろん、ファシリテーションはそれ以外の場でも活用できます。

例えば**飲み会**だってファシリテーション！

大切なのはシーンに合わせた準備です。

シーン別「飲み会ファシリ」のコツをお伝えします。

飲み会ファシリ①「新人歓迎会」

新人歓迎会の目的は、新しく入ってくる人のことを知り、元からいるメンバーのことをより深く知ってもらってなじんでもらうことですから、大切なのは相互の自己紹介です。

新しい環境に入る時には、みんな少なからず緊張するもの。そしてその緊張感は、相手のことをよく知らないからこそ生まれます。

自己紹介の順番は、新人からではなく先に従来メンバーから。

ある程度チームとメンバーのことが分かれば、新メンバーも安心して自分を語ることができますから、メンバー紹介の時間はできるだけ丁寧にとりましょう。

飲み会ファシリ②「忘年会」

できるだけ誰でも参加可能な、受け身にならないイベントとセットにするのがおススメ。チームをマンネリ化させず、メンバーが多面的に触れ合う機会をつくるのも、チームをうまく回す上で大事なポイントです。みんなで何かに取り組んで、いつもと違う姿を見せ合うことで、お互いに新しい発見が生まれます。

飲み会ファシリ③「打ち上げ」

お疲れさまの乾杯ももちろんですが、せっかくの機会ですからメンバーの良かった点を伝えてねぎらう時間にするのもいいものです。口にするのが照れくさいなら、小さな手紙にするのもおススメです。

改善点は、素面の会議で冷静に伝えるようにしましょう。

飲み会ファシリ④「ただの飲み会」

「ちょっと行こう」の普段の飲み会こそ、終わりの時間を決めておいて、そこでスパッと切り上げる。食事と同じく腹八分。まだ話し足りないなぁ、と思わせるくらいがちょうどいいのかもしれません。

飲み会は、うまく使えばチームをまとめるいい機会。上手なファシリテーションでチームを回していきましょう。

ポイントレッスン3　ファシリで回すPDCA

元々は品質管理や生産管理の手法として提唱されたPDCA。「Plan（計画）」「Do（実行）」「Check（評価）」「Action（改善）」で1サイクル。回せば回すほど、より高い成果が出るようになるはずです。しかし、実際にはPとDを繰り返しているなど、きちんと回せていないチームも多いようです。

マンガの中でもありましたが、確かにやりっぱなしのプロジェクトって多いですね。

そうなんですよね。PDCAでいえば、みんなでPlanは立てるけれども、やった後のCheckを改めてみんなでやることは少ないという感じ。例えば、プロジェクトの振り返りミーティングなんて、ほとんどのチームがやってないんじゃないでしょうか。大抵の会議とかミーティングは何をするか決めるための会議とか、どう進めていくか、というようなPを考える場。もしくは、プロジェクトの進捗をチェックするための会議はやるけど、終わった後はあんまりやらない。

「やってみてどうだったか」という振り返りが機能していないから、その後のＡｃｔｉｏｎ「改善」が、個人個人のレベルによって差が大きく出ちゃう。常に改善意識を持って仕事してる人はいいんですが、何が問題なのか気づけていない人や、まだまだ経験値の浅い人もいますから。

私は以前、建築業界とＩＴ業界で営業をしてたんですが、振り返ってみるとそのどちらも「納品後会議」っていうものはやっていなかったなぁと反省しています。各案件ごとに必ず学びや気づき、改善のためのヒントはあったはずなので、それを共有する機会を作っていなかったな……と。

納品前のプロジェクトの方が優先されがちということでしょうか?

その通り。だからこそ、誰かが「必要だからやろう」と言い出さないと、仕組みとして整っていないと、振り返り会議って実施されないんだと思うんです。どんな反省点があったのかとか、じゃあそれを今後どうしていくかをちゃんと整理して今後につなげる場を持つと決めておくこと。そのためだけに時間をとるのは難しいかもしれないけれど、例えば半期に1度とか、数カ月に1度とか、時期を決めて振り返り会議を実施することは可能なんじゃないかなと思っています。

会議改善の研修の中で、「会議の課題と改善策」をテーマに、参加者に会議をやってもらうんですが、そこで出るのが「これ、会社でそのままやってもいいかも」という意見です。日常的にやる会議って、みんな実はうんざりしてて、できれば出たくない、と思っていることが多いんです。たくさんの人の時間を奪うわけですから、それってものすごい無駄ですよね。みんな問題を感じているのに、いつもやってることだから、ついついいつも通りに進行してしまう。この状態を変えたいと思ったら、みんなで「会議」を振り返る機会を持てばいい。実際に、自分の職場に持ち帰ってやってみたらうまくいった！　という方も結構いるんですよ。

「営業の課題と改善策」とか、「教育」「現場」をテーマにするとか、職場に合わせた内容で、ぜひ振り返りの機会をつくってほしいなと思います。

失敗案件や、周りに迷惑をかけたプロジェクトだと、逆に振り返ってほしくないメンバーもいるのでは？

あー、確かに！「蒸し返してくれるなよ……」っていう感じかな（笑）？

うまくいかなかった案件の場合は、悪者探しみたいにならない進行が必要ですよね。例えば、実際に複数の営業所が集まっての会議でも、目標達成しているところと、未達のところ、いろいろあると思うんです。未達のところは、もちろん触れてほしくない。けれど、達成してるところも自慢してるように見られたくないから、あまり口を開かない。でも、それでは成功体験も共有されないし、目標未達の営業所も、壁を突破するヒントを得られない。もしもそうなってしまうのなら、会議をやる意味ないと思うんですよね。どうせやるなら、全員にとって意義ある時間にしたい。そういう場にこそ、どう進行するかを考え、対話を引き出すファシリテーターが必要なんだと思います。

08 レイアウトにひと工夫。机の配置で雰囲気づくり

メンバーを集めて、いざ会議スタート。しかし、なかなか意見が出てこない……。その理由、もしかすると机の配置にあるのかもしれません。参加者みんなにリラックスして発言してほしいなら、緊張させない場づくりが大切です。会議室のレイアウト、代表的なものをいくつかご紹介しておきましょう。

○ロの字型

一般的な会議でよく使われるレイアウトです。全員の顔が見渡せるため、誰もが発言者になれます。ただし、あまり人数が多いと四角が大きく遠くなりがち。また、真ん中に空間をとるため、広い部屋が必要になります。

○コの字型

コの字を描くように、三方に机を配置します。ロの字と同じく全員が見渡せますが、違

目的・人数に合わせて決める！

会議室のレイアウト

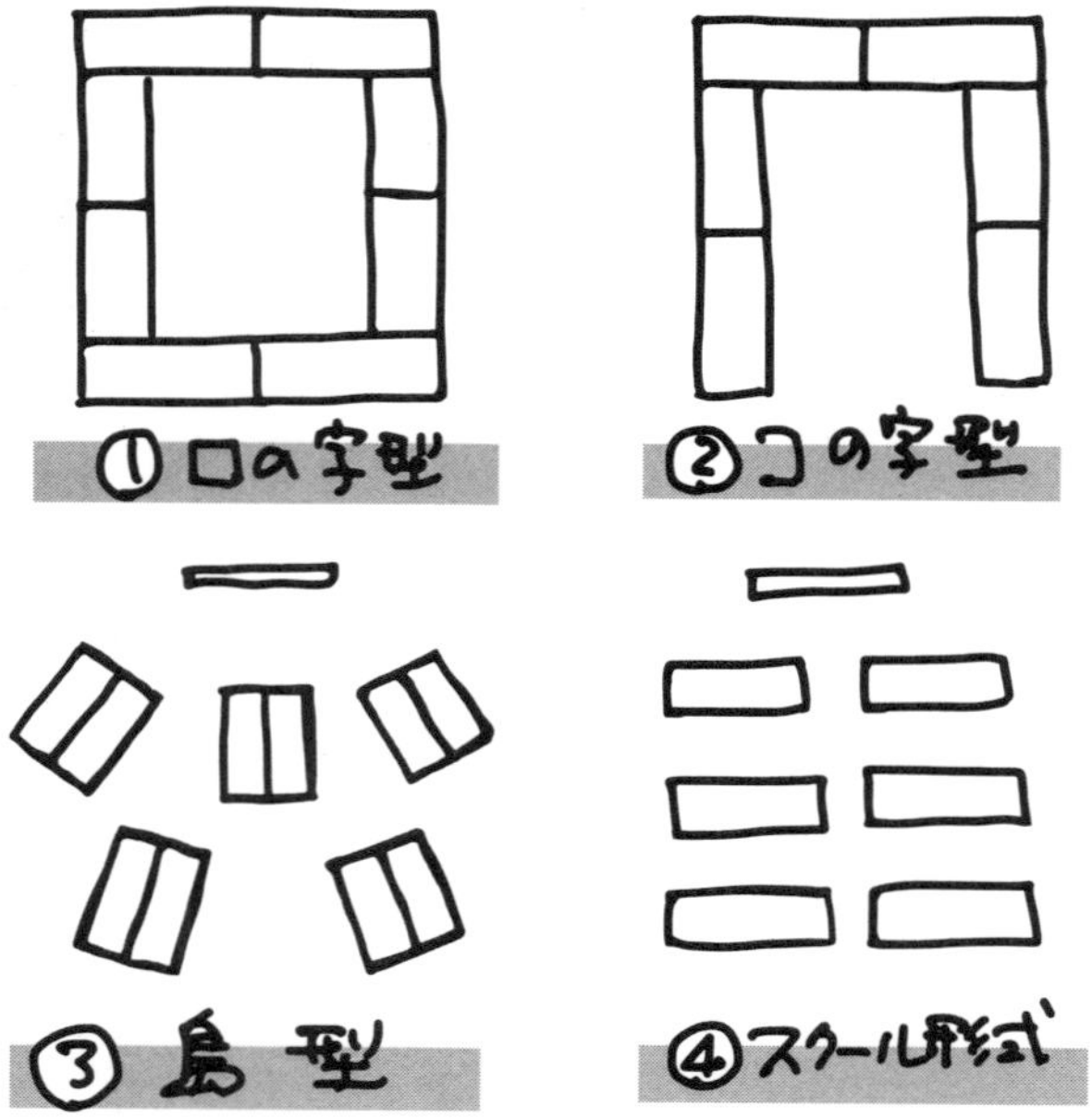

島型にする時は、

参加者×2倍の定員数の会場がおススメ！

うのは、話者が真ん中のスペースに入り込めること。中に入って一人一人に語りかけることもできるので、話者と話を聞く参加者が、対話をしやすく動きをつくりやすい配置です。

○島型

4人~6人程度のグループを、会場内に配置するレイアウトです。人数は多いけれども対話を活発にしたい、そんな場合に適しています。島は、正面を中心として放射状に配置しましょう。そうすることで、全体をばらつかせず、統一感をつくることができるのです。

○スクール形式

学校の教室のように、みんなが正面を向いている配置です。みんなが同じ方向を向いているので、情報周知型の場合に適しています。これを変化させたのが、参加者が孤を描いて座る**「馬蹄型」**。真横に座るよりも参加者同士で顔が見やすいので、会場の一体感が生まれます。

いつもと違う配置を選べば、会議室に入ってきた瞬間、「今日はいつもと違うぞ」と参加者の意識も変わります。会議の目的や人数によって、適切な配置を選びましょう。

09 人の違いを理解するソーシャルスタイル理論

「いつも自分の意見ばっかり」
「もっと意見を言ってほしいんだけど」

会議の席では、ハッキリもの言う人もいれば、自分の意見を言いたがらない人、すぐに感情的になる人など、いろんな人が集まります。そういったさまざまなメンバーから、等しく意見を引き出したいと思うなら、必要なのは個別対応。相手の持つコミュニケーションのクセをつかみ、相手に合わせた対応をとることが必要です。

「ソーシャルスタイル（Social Style）理論」とは、1970年代に社会学者David Merrillらが提唱した4つのタイプ分類法。外から見えるその人の態度を観察して、自己主張の強弱と、感情表出の強弱の縦横2軸で分類します。感情というと「喜怒哀楽」と思いがちですが、相手に対する「怒」の感情は、強い自己主張として考えたほうがしっくりきます。

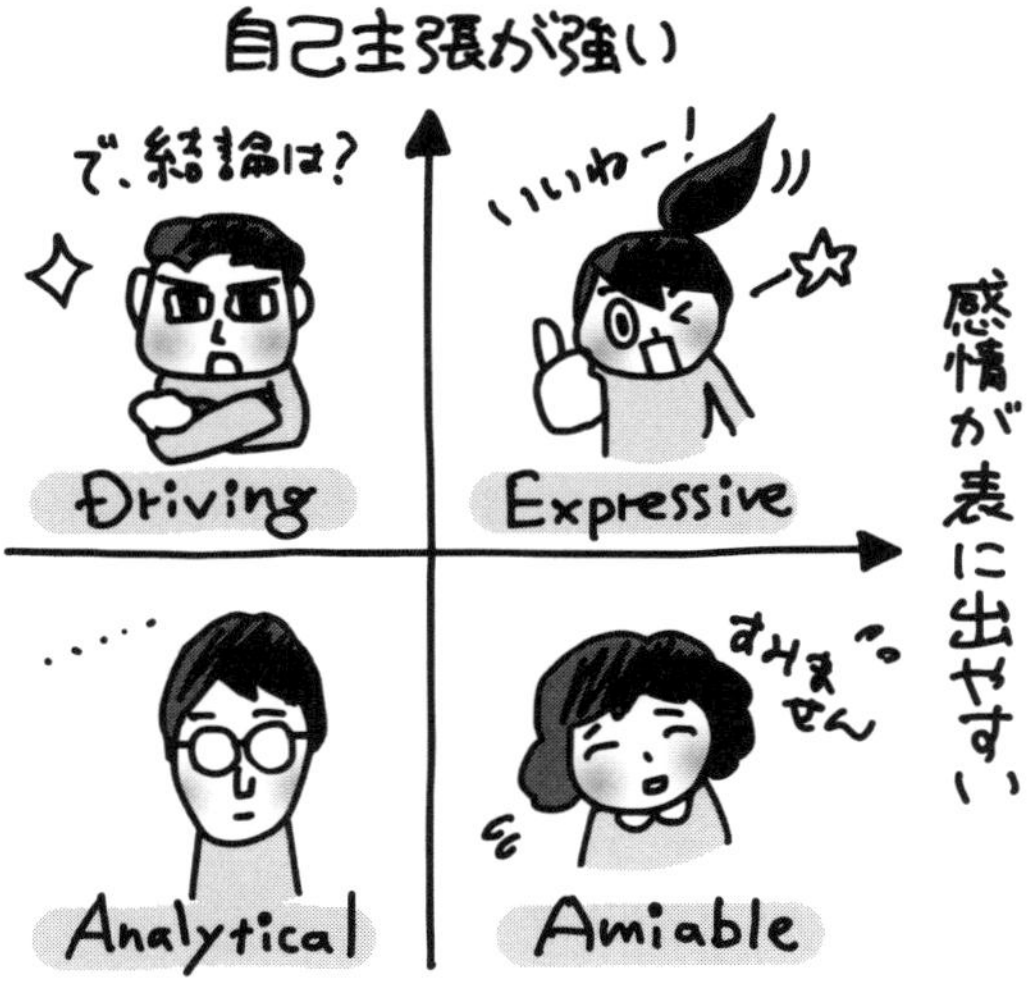

それではここから、4つのタイプをご紹介。自分やメンバーはどのタイプかと想像しながら読み進めてくださいね。

(1) Driving（ドライビング……自己主張：強／感情表出：弱）

「指図されるのは大嫌い。思い通りにやらせてよ」タイプ（現実派）

生まれついてのリーダー気質。戦略、勝負が大好きで、指示されるのが大嫌い。自分の道は自分で決める。褒められなくても平気です。引き出すコツは、**「教えてくれる？」**。

基本的に自分が相手をコントロールしたいドライビングタイプは、指示命令など一方的なコミュニケーションをとりがちです。話をじっくり聞くのは苦手で、ついつい相手の話を遮りがち。優柔不断な相手には、「で、一体何を言いたいんだよ?」とイライラすることも多々あります。仕事はやって当たり前、他人に認められなくても平気と言う方も多く、いちいち報告を求められるのも嫌いだという人も。

会議でも、相手と意見を戦わせることを恐れず、はっきり言うことが多いので、衝突も多め。仕事は仕事、と割り切りたいので人間関係のもつれなど、ウェットな話題は好みません。また、質問される＝コントロールされることを嫌うので、「教えてくれる?」と言い換えた方が引き出しやすくなります。

【見分け方】

基本的に口調は早く、論理的にしゃべるタイプです。口数が多いタイプと少ないタイプと両方いますが、どちらであっても、自己主張はしっかりとします。計画を立てることも実行することも得意ですが、横からの口出しには強く反発する傾向があります。

表情はキツく、一般的に「怖い」印象を与えることが多いでしょう。相手に感情を読み取らせないポーカーフェイスも得意です。

【効果的な対応】

相手を立てる、具体的には「教えてほしい」という対応がベターです。

特にこのタイプの上司には、ホウレンソウ（報連相）を欠かさずに。その際も、まずは結論から伝えて、できるだけ短く、を意識しましょう。

このタイプの部下には、仕事の意義と目的をきちんと伝えた上で、全てを任せるとやる気を発揮します。報告もこちらから頻繁に確認するのではなく、日時を決めて報告の機会を設定したうえで相手に任せると効果的です。ただし、上下関係、責任の所在については、最初にしっかりと伝え、納得させてから任せましょう。


【効果的な質問例】


「君ならどうする?」

「意見をぜひ聞かせてほしい」

「君の計画を教えてくれないか?」


【効果的な褒め方】


成果を褒める、相手の部下やチームを褒めることが効果的です。「○○さんが指導してくれたA君はさすがに仕事ができるね」「あのプロジェクトは完璧だ」など。リーダーとして頼りにされる、期待されることもやる気につながります。

「すごいね」「さすが!」などの曖昧な褒め言葉は、信頼関係ができる前に安易に使うと、「下心があるのでは?」と疑ってかかる傾向があります。

逆に、このタイプが尊敬する相手、上だと認めた相手からの褒め言葉は素直に受け取る傾向があります。

(2) Expressive(エクスプレッシブ……自己主張:強/感情表出:強)

「楽しくなければ意味がない。盛り上がって行こう!」タイプ(感覚派)

仕事も勉強も楽しくなくちゃ! サプライズが大好きで、何とかなるさと楽観的。細かいことなんて気にしてもムダ。やってみてから考えます。引き出すコツは、**「いいね!」**。

おしゃべり好きで、沈黙が苦手なエクスプレッシブタイプは、色んな場所でムードメーカー。しーんとした時間が苦手ですから、会議では、いつも口火を切る最初の発言者になりがちです。よく話し、よく笑い、「そこうるさいよ!」と怒られてもエヘヘと笑ってスルーできる、そんな柔軟さを持っています。

ドーン、ババーンといった擬音語擬態語を多用して、話は結構大げさになりがち。感覚でしゃべるので、意見の根拠を説明するのは苦手です。周囲に影響することを好みますから、発言には「いいね!」と反応すると盛り上がります。

【見分け方】

基本的に口調は早く、テンポよくしゃべるタイプです。人前でしゃべることはあまり苦になりません。口数は多く、擬音語/擬態語を多用します。身振り手振りも大きく、表情も豊か。ただ、相手を楽しませたいという想いが強く、時に話が大げさになりがちです。

面白い人、楽しい人、という印象ですが、行き過ぎると軽い人、ともいえます。表情を隠すことが苦手なので、時に子供っぽい表情や行動をとります。

【効果的な対応】

会話を楽しむこと、これに尽きます。「それで、それで？」「うんうん！」「へェ～!!」など、大げさな反応を喜び、どんどん話が弾みます。会話を止めたい時や静かにしてほしいときには、率直に伝えましょう。あまり深く傷つく方ではないので、時に叱ることも効果的です。プロジェクトや仕事を任されることも大好きですが、細かなやり方を指示され、その通りにやる仕事にはあまり力を発揮しません。

このタイプの上司は、聞いた話をよく忘れます。安請け合いする傾向もあるので、リスクマネジメントはきちんと行いましょう。また、相手の曖昧なアイデアを批判するのではなく、具体的に実行するためのサポートを行うと喜びます。

この傾向の部下に対しては、基本的に飽きっぽく、忘れっぽいので（しかもあまり罪悪感を感じない）、確実にやってほしい仕事については、確実にチェックすることが必要です。ムードメーカーとして頼りにされるとやる気を出します。

【効果的な質問例】

「どう思う?」

「何か意見ない?」

「どうしたい?」

【効果的な褒め方】

「すごいね〜」「さすが!」「いいね」など、曖昧な褒め言葉でも何でも基本的に喜びます。褒められると単純にやる気を出す傾向が強いので、どんどん褒めましょう。

ただ、調子にも乗りやすいので、日頃の仕事へのチェックとやるべき仕事を怠ったときの指導は忘れずに。

(3) Amiable(エミアブル)……自己主張:弱/感情表出:強

「みんなのためなら頑張れる。きちんとお役に立ちたい」タイプ(協調派)

人間関係波風立てず、穏やかに。「困っている人はいないかな、期待されていることは何だろう」「みんなのためなら頑張れます」というタイプ。引き出すコツは**「助かるよ」**。

いつもニコニコいい人オーラ全開のエミアブルタイプは、周りからのお願いを断れず、ついつい「はい」と引き受けちゃって仕事は常に手一杯……となりがちな、優柔不断ないい人です。会議でも、自分の意見を押し付けることなく、うんうんうなずく共感上手な聞き上手ですから、気づくと、新たな仕事を引き受けてしまう羽目に陥ることも。あまり意見は言いたがりませんが、「〇〇さんが発言してくれると助かる」「ありがとう」といったねぎらいの言葉が効果的です。

みんなと仲良くしたいという欲求が強く、困っている人を見過ごせません。頼られるとNOと言えず、毎日毎日人の仕事のせいで残業が続く……ということもあるタイプです。看護助手や衛生士、事務方やサポートセンター勤務など、人のサポートをする仕事に就いている人も多く、ボランティア精神も旺盛です。

基本的に表情は優しく、いつも穏やかな笑顔を浮かべて「癒し系」だと言われることも多いでしょう。自分の意見を通すよりも、みんなの意見を尊重すること、「和」を重視するので、リーダーとしての仕事は苦手です。

【見分け方】

基本的に口調はゆっくり、穏やかにしゃべるタイプです。人前でしゃべることは苦手で、どう見られているか不安になり、ものすごく緊張します。相手の話もよく聞き、よくうなずきます。

頼りにされたり、ものを頼まれると基本的にはNOと言いません。褒められると謙遜するタイプでもあります。

【効果的な対応】

感謝の気持ちを伝えること。このタイプは周囲からどう見られているか、自分はここに必要か、ということを常に気にする傾向があります。「あなたはここに必要だ」「いてくれて助かった」「ありがとう」という言葉を栄養に、どんどん成長します。ストレートな会話は苦手なので、ストレスやプレッシャーをかけられた状態で意見を求められると、自分の本当の意見ではなく、周囲が期待している意見を口にする傾向があります。特に本音を聞きたい時には、できるだけ穏やかににこやかに対応しましょう。

このタイプの上司は、一見すると「頼りない」という印象を与えがちですが、事実本人も「リーダーには向いてない……」と思っている場合があります。気配り、目配りは得意なタイプなので、上司のそういった点に感謝しながら（もちろんその気持ちを言葉と態度で伝えつつ）、マネジメントに関するヘルプをそっと行いましょう。

また、このタイプの部下は仕事を丸ごと任され、放っておかれることに不安を感じがちです。仕事を任せるときは、定期的に声を掛け、相談に乗りましょう。その際も、ねぎらいの言葉が欠かせません。

【効果的な質問例】

「いつも助かるよ。この件について君の本音の意見を聞きたいんだけど、ちょっといい？」
「この間はありがとう。今度も助けてほしいんだけど、率直な意見を聞かせてくれる？」
「みんなの意見を聞きたいんだけど、このアイデアについてどう思う？」

【効果的な褒め方】

「ありがとう」「助かった」「いつも助かるよ」「いてくれて良かった」など。相手の存在自体を認める声掛けを頻繁に行いましょう。普段は不満や文句を表に出さず、どちらかというとため込むタイプなので、ねぎらいや感謝なく、長い間ハードワークをさせておくと、突然辞めてしまう可能性があります。きちんと気を遣いましょう。

（4）Analytical（アナリティカル……自己主張：弱／感情表出：弱）

「やるべきことは正確に。計画通りに進めましょう」タイプ（思考派）

まずは計画、事前準備。自分の専門を大切に、ミスは少なく確実に。いつも通りにきちんとやろう。コツコツと継続してこそ価値があると考えています。引き出すコツは**「今度の会議までに考えておいて」**。

周りから見るといつもマイペース、淡々と仕事をこなすアナリティカルタイプは職人気質。決められた仕事をきっちりとひとつひとつ終えていくことを好みます。人に振り回されることを嫌いますから、一人でできる仕事を選びがち。人によっては何日も、誰ともしゃべらず黙々と作業するのも苦になりません。会議でもあまり発言しませんが、事前にアジェンダが示されて何を発言すべきか分かっていれば、きちんと準備して参加します。

【見分け方】

基本的に口調は遅く、口数少なくしゃべるタイプです。特に話し始めに時間がかかりがち。質問をしてから答えるまでの間が一番長いのも特徴です。ＹＥＳ／ＮＯで答えるタイプの質問には、本当に「ＹＥＳ／ＮＯ」で答えます。

表情や身振り手振りはあまり豊かではなく、意見も言わないことが多いため、「何を考えているのかよく分からない」と思われがち。自分自身についてもあまり語りたがりません。

【効果的な対応】

時間をしっかりとり、具体的な話をしましょう。意見を求めるときは、考える時間をきちんと与えることが重要です。会議で意見を聞きたければ、できれば前日までに質問を伝えておくと、当日までにしっかりと準備をして参加します。その際の質問はできるだけ具体的に。何を聞かれているのか、どんな意見を求められているのか、そしてその理由は？

といった点が理解できないと意見を言いたがりません。一度話し出したら、途中で話を止めず、最後まできちんと聞き切りましょう。

このタイプの上司は、細かいデータに基づいた報告を好みます。計画や手順もきちんと伝えましょう。その部分をきちんと押さえている、と信頼されることが重要です。

このタイプの部下には、具体的な指示を出すことを心がけましょう。正確さを大切にしているので、ギリギリで適当に片付けるような仕事は基本的に苦手です。また、言われたことも言ったことも結構覚えているので、いい加減な対応を嫌う傾向があります。継続して行うプロジェクトの管理、情報整理等は得意分野なので、意見を尊重しつつ任せるとやる気を出します。

【効果的な質問例】

「このプロジェクトは現状こういう状態だが、○○な状態にするためにいい方法を考えてくれないか？　来週の会議で聞かせてくれ」

「今月の営業目標に対して、今はどんな状況？　顧客分析の結果を後で教えて」

「これからわが社はこうして行く予定だが、うちで働く者として意見を聞かせてほしい。○○についてはどう思う？　今度時間をとるから話を聞かせてくれ」

【効果的な褒め方】

仕事の成果について、具体的に客観的に褒めると効果的。決して曖昧に褒めてはいけません。何を褒められているのか理解できないので、まったく心に響きません。

このタイプは自分の専門性について誇りを持っている場合が多いので、その点について褒めましょう。その際も、具体的に伝えることを忘れずに！

どれもピンと来ないなぁ、もしくはどれも当てはまる、そんな場合はバランス型。自分の感情に関係なく、相手や場面に合わせながら、その場で態度を変えていく。そんな傾向があるのではないでしょうか。市役所や県庁、行政の現場担当など、個性を出さずに淡々と物事を処理していく組織の方に非常に多いタイプです。

どのタイプが良い、悪いではありません。自分と相手の傾向を知り、引き出すコツを知っておくことでアプローチを変えていく。ソーシャルスタイルはそのための便利でわかりやすい理論です。もっと詳しく知りたい方は、関連書籍でしっかり理解を深めておくのもおススメです。

コラム

愚痴や不満はGROWで対応!

メンバーを問題解決思考に導くチャンスは、いろんなときにやってきます。例えば部下が愚痴や不満を口にしたとき。これぞ質問のチャンスです。相手の不満を聞き切ってから、**「どうなったらいいと思う?」**と理想的イメージを聞きましょう。

私たちは、自分が思うあるべき姿、理想と現実がかけ離れているときに不満を抱きがち。だからこそ、問題解決のとっかかりは、理想と現実のギャップを明らかにするところから始めましょう。こんな時、**「GROWモデル」**に当てはめてみると便利です。

GROWモデルは「Goal（理想の状態）」「Reality（現実）」を明確にし、その間にあるGAPを分析することで、「Options（解決のための選択肢）」を引き出し、「Will（実行する意志）」を確認する問題解決思考のフレームワーク。

今の気がかりや問題を考える際に、便利に使えます。

通常はゴールから話し合うことが一般的ですが、問題解決の場合は**「現状」**の把握から

スタートした方がやりやすいかもしれません。

現在何が起きているのか、問題だと感じていることは何なのか。

それらがどんな状態であれば、理想的だといえるのか。目指すべき地点はどこなのか。

この2つの差を明確にした上で、目標に近づけるための行動の**「選択肢」**について議論しましょう。

このときのポイントは、選択肢を**「できるだけたくさん出す」**ということ。

たくさんアイデアを引き出したら、最後は具体的な対策の決定と、実行するみんなの意志確認。ここではぜひ、**「効果性&実現性分析」**（議題についての意見を見える化し、それぞれについて、効果性と実現性をA＝高い、B＝まあまあ、C＝低いで分析）でまとめてみましょう。きっとこれならやれる、効果がある、そんな問題解決案が生まれます。

愚痴は聞き切り、GROWで対応。普段から意識して、メンバーの思考力をどんどん磨いていきましょう。

Part 3

ファシリテーションの応用

ツツジ建材 presents
建材＆工務店フェア
わいわい
わい
ファシリーダーの勘所
Story 3
わーーお！すごい！なかなか賑わってるじゃない
えへへ
川上さん！こちらZ大の原田教授です
あっ！初めまして!!

原田です
よろしく
お願い
致します
こちら
こそ
こんにちは
先日はお世話に
なりました
ヒョコ
おや
山中さん⁉
なぜここに…
川上さんと
ちょっとした
知り合いでして
そう
ですか！
それは
奇遇
ですねぇ
オホホホ
〜〜〜
〜〜…‼
あの…
川上さん
こちらは…？
え〜〜と
新幹線で出会った
大酒飲みの変人
ファシリテーションの
講師をなさっている
山中マユミさんです
はじめ
まして〜！
ずずずずい
そうなんですね
お会いできて
うれしいです

ちょっと
興味本位でクビつっこまないでくださいよ
そんな…！私はただお手伝いできればと思って…!!
かわいい子じゃないの～はやく告白しなよ！
気が早すぎます…!!
まずはランチデートから……
まーアレだようするにかっこいいとこ見せりゃいいわけだ
ブツブツ
こりゃあまたファシリの出番だわね！
不安…

平たくいうと天然素材を使った建材を考えてみたいんです
はぁ天然素材ですかなるほど
弊社が今求めている建材アイデアというのも
ようするに本社では思いつかないような…ということなので
幅広くお知恵をお借りできるのは非常に助かります
では　まずアイデア出しのブレインストーミングからでしょうか
そうですね日程は…

さて？とりあえず初回ミーティングの日付が決まったのはいいんですが
今後どのように進めていったらいいのやら…
どう考えてるの？
社外メンバーが密接に関わるプロジェクトなので連絡と共有をしっかりしていかないといけないですよね…
うんいいこと言うわね
なるほどそうですね
プロジェクトとなると全体をデザインすることを押さえたいわよね
どんな会議をどこで設けるのか？
進捗確認のタイミングとか

なるほど 全体をみて 必要な会議を 設定する わけですね
そうね するとそこが いろいろな 作業の〆切にも なるから
う～ん 会議そのものも 全体を見渡して 話をふったり しますけれど
プロジェクト 全体にも 同じことが 言えるのか
なんか 想像力が いるなあ
全体
さすが 川上くん！ わかってる ゥ～
チラッ チラッ
ですねー
持ち上げが しらじら しい…
もう一つ 大切なのは…
本来業務に 支障が出ない ように してくれよ
で これ いつまで かかるの？
へ～！ おもしろ そうだし 誰か誘おう かな
あいつとか あいつとか
納得いくまで 議論したい ところです

リーダーを決めましょう！
のちのち混乱するといけないからリーダーは早めに明確にしたほうがいいわね
スケジュールや進捗その他キーマンを決めておくとスムーズかと
君でいいだろう川上くん
本社と弊社そして全ての中間だからな
僕ですか？
ええ我々もそれで結構です
企業さん側の方がいいでしょう

山萩さんはそれでいい？最初に担当してたのは山萩さんだったけど
あ　はい！私は賛成です
合意が必要そうな事項は会議の場で発言するように心がけよう！場外で決めると後から問題になったりするからね～

一発目のディスカッションはどういう感じの場にしたいの？

そーーですねぇ…

とりあえず建材のアイデアがたくさん出てくれればいいんですけど…

その前にメンバーの顔合わせの意味もあるから…

自己紹介の時間をとって…

それから今回のプロジェクトについて目的意識を共有したいですね
けっこうあるな…

いいわね参加者間でビジョンの共有は大事だわ

今回 天然素材を使ったものを考えたいのですが理由は二つです
一つはやはり天然素材には安心感があるということ…
もう一つはこの土地ならではの素材を使うことで地域活性の火種にしたいということ
なるほど
本社としても地域独特のアイデアは貴重だと思います
天然素材は今どき人気があるし提案しやすくはあるな
高くつくが
モノによっては施工がちょっと面倒かな〜
やっぱり大人の発言が多くなるな…
学生さんから何かご意見は？山下さん
えーと…
僕 昔のマンション育ちなので自然素材の家とか憧れるんですよね
しかも地元の素材でできたら最高です

いざ実現してもコストなどの問題はあるでしょうが…
僕にとっては夢のある話です
ふむ…そして地域活性ということなら場合によっては助成金が申請できるかも知らんな
学生さんが地域活性まで視野に入れているのは偉いな
◎天然素材を使って地域活性につながる新建材を!!
おお～！なんかやる気出てきたな！
早くブレストやろうぜ
ブレインストーミングのコツなんだけど…
まずはテーマを決めること
ある程度的を絞ったテーマをしっかり設定することね
テーマ
アイデア
アイデア
アイデア

テーマによって情報提供が必要なら大量であれば事前に配布少し話すくらいで済むなら会議の時間バランスをみて短めに
次にブレストのメンバー
チームメンバーに加えて専門家や顧客サイドの人選もあるといいわよね
違う視点をもったメンバーのアイデアでチームの視野がぐっと広がるから刺激し合える人選を考えるといいわ
ブレスト前には20〜30分程度時間をとること
個人で考えをまとめる時間をたっぷりとるのがおすすめよ

ブレストのメンバーにもシャイな人や立場の上下があったりするから
まずは誰もが自由にアイデアや意見を出せる時間をつくるといいわね
和紙
珪藻土
スギ
コルク
ホワイトボードを使ったまとめ方にもいろいろあるわ
まずは「親和図」
たくさん出た意見をグループ分けしていくと把握しやすいわ

「これとこれは関連があるかな」などと出たカードをメンバーでグルーピングしていくの
モミガラ
もちろん他のカードに刺激されて新しい意見が出たらそれも書きとめて貼っていくわ
グループ分けしたものには皆で名前をつけるの
どこにも当てはまらないものは「その他」でいいかも
木材
石・砂

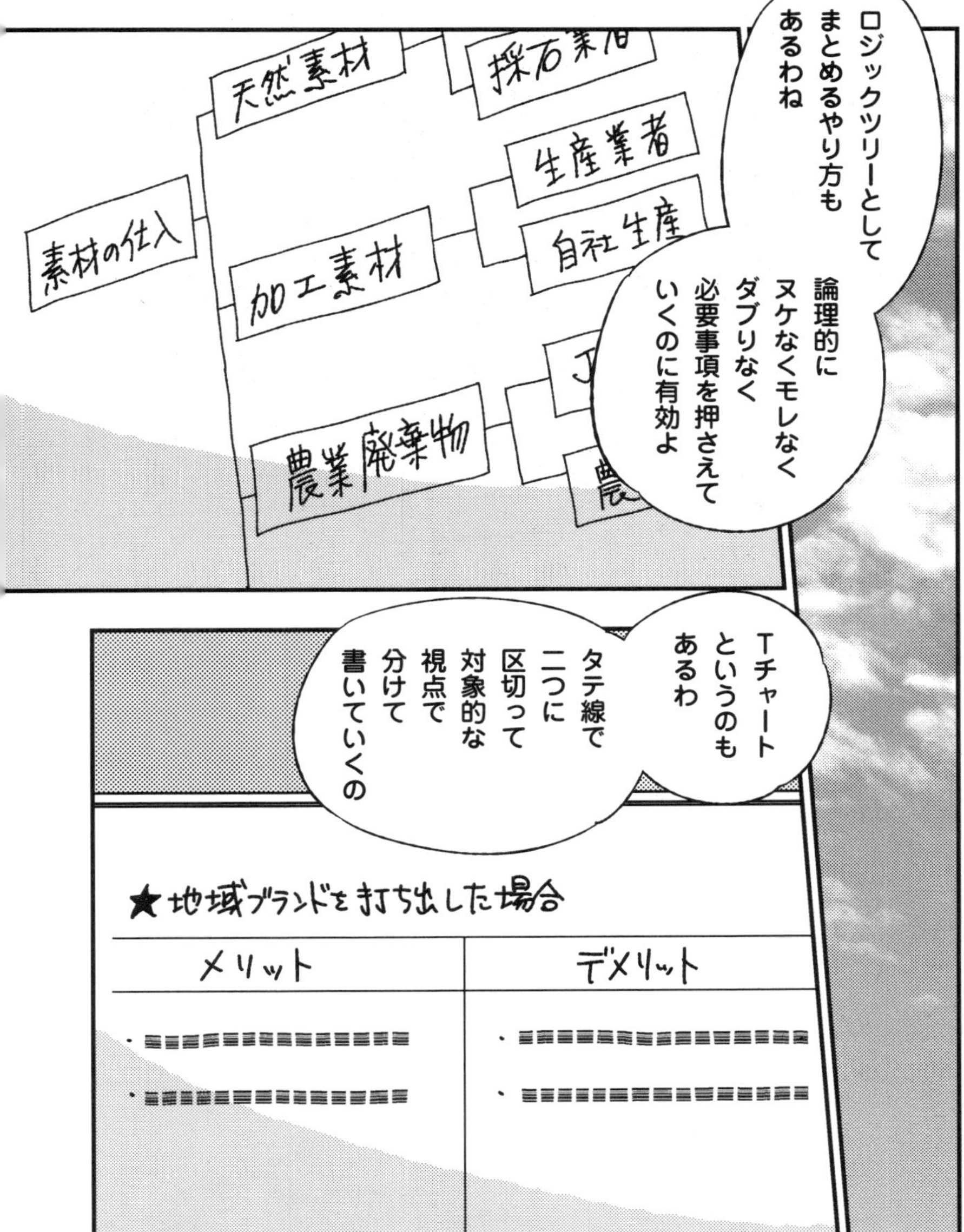
ロジックツリーとしてまとめるやり方もあるわね
論理的にヌケなくモレなくダブりなく必要事項を押さえていくのに有効よ
素材の仕入
天然素材
加工素材
農業廃棄物
生産業者
自社生産
Tチャートというのもあるわ
タテ線で二つに区切って対象的な視点で分けて書いていくの
★地域ブランドを打ち出した場合
メリット
デメリット

そして
四象限マトリクス
2つの視点を縦横の軸にとって
4つの領域に分類して考えるものよ
素材入手
しやすい
しにくい
珍しさ
ある
ない
多様な物事を
ざっくりと分類して
それぞれの傾向を
考えたいときに使えるわ
何を軸に置くかは
いろいろ考えられるから
試行錯誤してみると
新しい発見があるかも
しれないわね

ミーティングを何回か重ねることで元となる素材が絞れてきた
地元特産の和紙と布海苔を使ったものってことになりましたよ！
なんか夢がふくらみますよね
へーー！いいわね
教えていただいたことのおかげで会議もスムーズにいったし
今度は和紙業者さんたちも含めて進めていく予定です
順調じゃないの～
けど和紙の壁紙も他にないわけじゃないし…
差別化とかももっと突っ込んで考えていかないと
ビジネスフレームワークで考えるといいかもね
フレームワークなら僕もいくつかセミナーで習いました！

まず3C分析この3つの視点で戦略分析をするものですよね
・顧客 Customer
・競合 Comtetitor
・自社 Company
想定する顧客や市場はどこか？
競合他社はどうか？
顧客
競合
自社
それに対して自社はどんな存在なのか…
法人、自治体
個人
特に顧客についてはけっこう忘れがちなので念頭に置いて議論したいところです

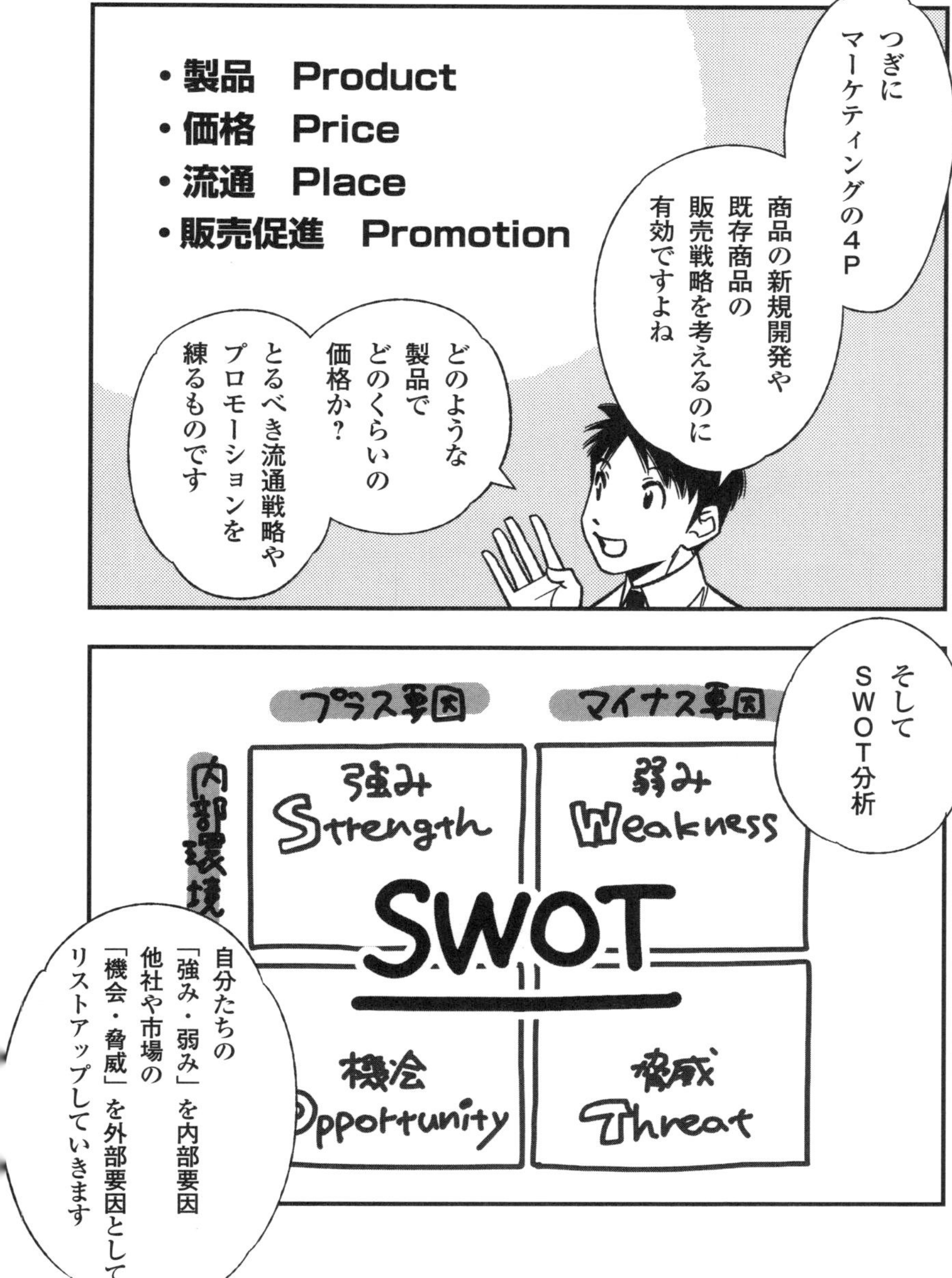
つぎに マーケティングの４Ｐ
・製品 Product
・価格 Price
・流通 Place
・販売促進 Promotion
商品の新規開発や既存商品の販売戦略を考えるのに有効ですよね
どのような製品でどのくらいの価格か？ とるべき流通戦略やプロモーションを練るものです
そして ＳＷＯＴ分析
プラス要因
マイナス要因
内部環境
強み Strength
弱み Weakness
SWOT
機会 Opportunity
脅威 Threat
自分たちの「強み・弱み」を内部要因 他社や市場の「機会・脅威」を外部要因として リストアップしていきます

プロジェクトが具体的に動き始めたらPDCAサイクル
回せば回すほど高い成果が得られるフレームワークです
PLAN
計画
DO
実行
CHECK
評価
ACTION
改善
このフレームに当てはめて考えることでどこが機能していないのかなどを突き止めることができますね
何度も回すのがコツね
じゃ私からも
GROWモデル
これは解決すべき問題があってそのための行動を考えたいときに使えるわ
理想の状態
Goal
できるだけ たくさん!
行動の選択肢
Options & Will
ギャップ
Reality
気がかり・お悩み
GROWモデル

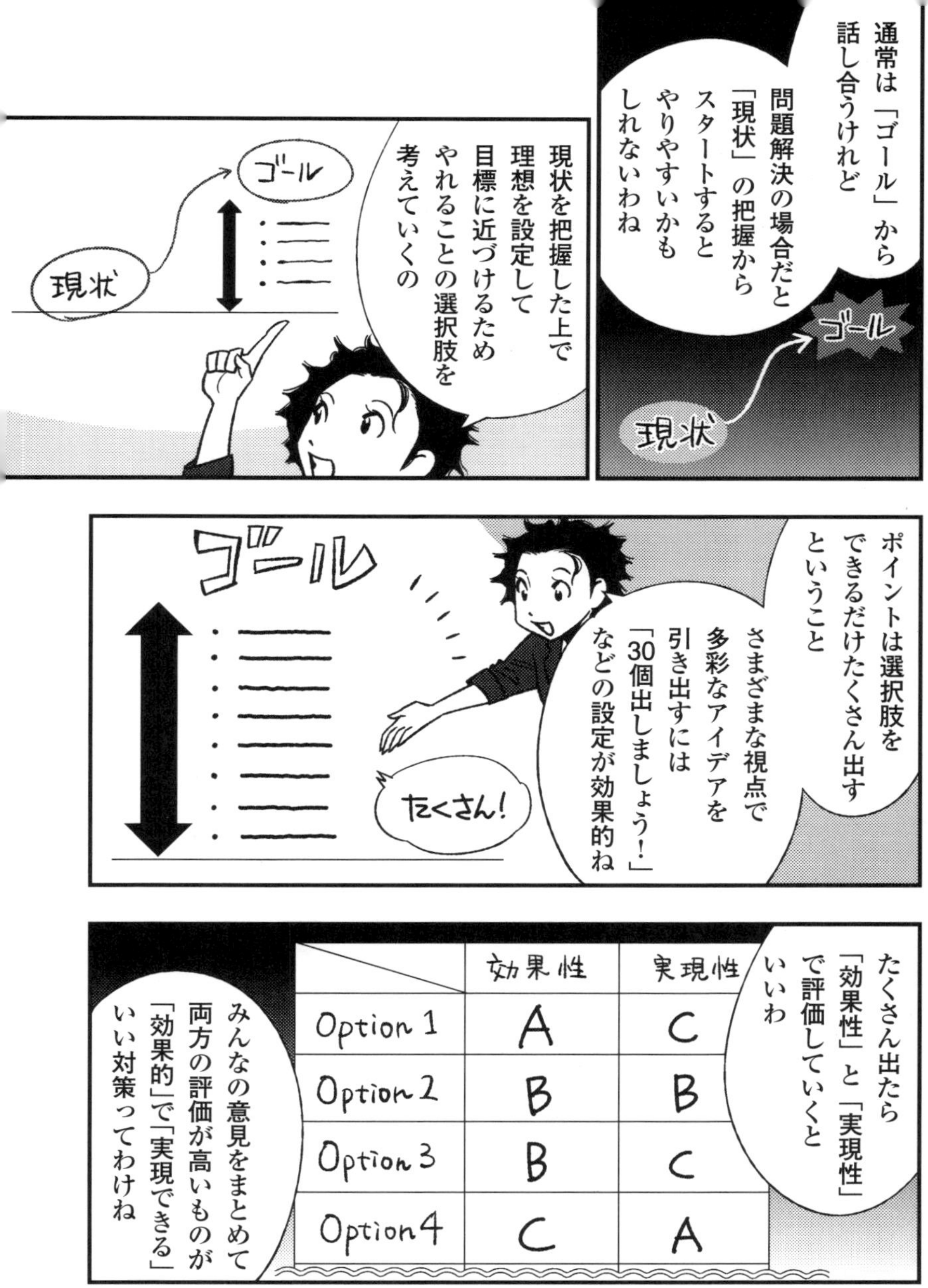
通常は「ゴール」から話し合うけれど
問題解決の場合だと「現状」の把握からスタートするとやりやすいかもしれないわね
ゴール
現状
現状を把握した上で理想を設定して目標に近づけるためやれることの選択肢を考えていくの
ゴール
現状
ポイントは選択肢をできるだけたくさん出すということ
さまざまな視点で多彩なアイデアを引き出すには「30個出しましょう!」などの設定が効果的ね
ゴール
たくさん!
たくさん出たら「効果性」と「実現性」で評価していくといいわ
効果性 実現性
Option 1 A C
Option 2 B B
Option 3 B C
Option 4 C A
みんなの意見をまとめて両方の評価が高いものが「効果的」で「実現できる」いい対策ってわけね

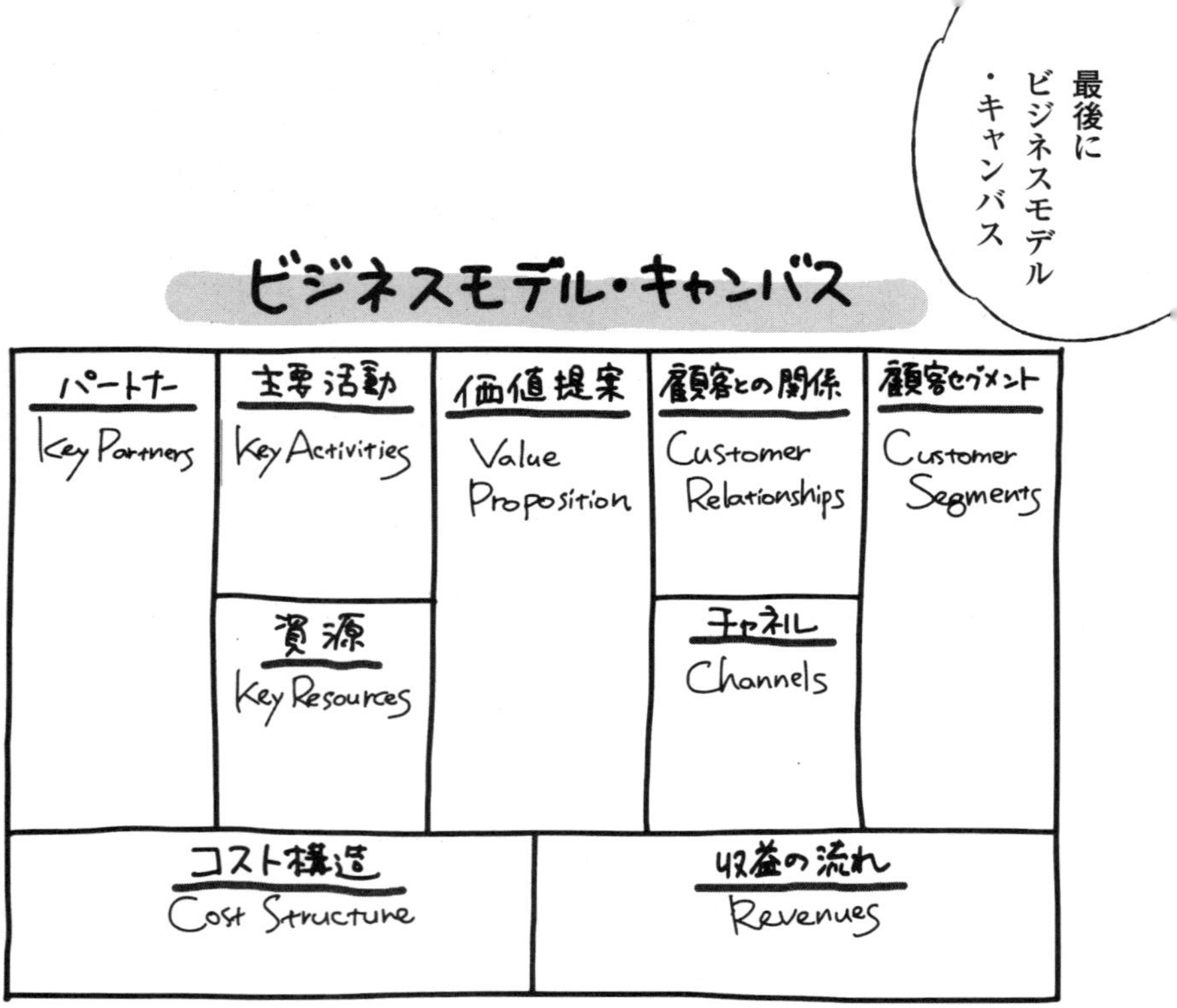
最後にビジネスモデル・キャンバス
ビジネスモデル・キャンバス
パートナー
Key Partners
主要活動
Key Activities
資源
Key Resources
価値提案
Value Proposition
顧客との関係
Customer Relationships
チャネル
Channels
顧客セグメント
Customer Segments
コスト構造
Cost Structure
収益の流れ
Revenues

これはビジネスモデル…「儲けのしくみ」を考えるときに便利なフレームワークよ
みんなでブロックを埋めていくことで様々なビジネスモデルについての議論ができるわ
大きくボードに書いたフレームに付箋紙で貼り付けていくと便利ね

まぁ 川上くんの場合 今回使わないものも あるかもしれないけど
今後 役立つかも しれないから 頭に入れておくと いいと思うの
顧客
顧客との関係
チャネル
収入
ありがとう ございます …!!
滞在中 さんざん飲みに 付き合って もらったから その御礼ね
さて… そろそろ 時間だわ
東京 帰っちゃう んですか
さみしい なぁ
大丈夫! 基本は「引き出して」「まとめる」
これだけ だから
川上くんなら もう一人でも できるわ!

そう言って マユミさんは 一足先に 帰京した
じゃねー
新建材の開発プロジェクトは順調に進み
試作品を作ろうとしている
欲が出てきて交流を広げたくなり交流会も企画した
Friend Book
まぁ　まずはテーマと日時で…集まった人数で場所決めようかな
どーん
読
ラーメン
ファシリテーション
マユミさんに教えてもらった「偏愛マップ」は初対面でも盛り上がる

え〜！出向で来てるのにあのお店知ってるんですか!?
はい会社の人においしいって聞いて
分かる！僕もあの漫画好きです！
ファシリテーションって何ですか？
ああこれは
ざっくり言うとチーム活動を促進するスキルで…
今日おもしろかったです！
そっかぁ川上さんセミナーマニアだったんですね
マニアというか…まぁ結果としてあんまり活かせてなかったから
もはやマニアだよね
あははは

でも私そんなことないと思います
川上さんに学ぶ姿勢があったからこそマユミさんも教えてくれたんだと思う
結果うまくいかなくたって
そこを目指した道のりに意味がなくなるわけじゃないと思うんですよね
いろんな景色を見て他の人や他の場所で還元する…
大事なのはその時々で何を見るかなんだと思います
レールに乗っていれば約束された景色が見えるはずだと思ってた
見つけるべきはレールであって
目的地にたどりつくためのレールがあるはずだと…

けど実際の世界は一本道じゃない
ご無沙汰しています課長
そうだ川上　例の建材プロジェクトなんだがな
中止してくれ
…はい?
別の地方のプロジェクト一本に絞ることになった
中止だ
…また目の前が暗くなった

10 プロジェクトリーダーのための極意

もしも、プロジェクトリーダーを任されたら、まずは次の2つを決めておきましょう。

一つめは、**みんなで集まるミーティングのタイミング**。定期ミーティングの頻度や他部門への共有のタイミング、問題が起きたときの共有の仕方など、ある程度決めておきます。先の会議の予定が決まれば、おのずとそこがさまざまな作業の〆切にもなります。言いづらいミスや問題も、共有するタイミングがあれば表に出やすくなります。

トラブルを未然に防ぐために会議の日程や内容をデザインする。

特に社外メンバーを含めてのプロジェクトには欠かせないプロセスです。

そしてもう一つ、**リーダーを決めておく**ことも重要です。組織横断型のプロジェクトや、専門家がチームを組んでのプロジェクトでは、誰が決定者で、どの部門がリードするのか、それぞれが牽制し合い、調整するのも一苦労ということも。しかし、船頭多くして船が山に登ってしまっては困ります。トップに判断してもらうのか、他に誰かキーマンがいるのか、はたまたみんなで話し合って決めるのか。決め方は組織やプロジェクトの内容によってさまざまですが、できるだけ早めに決めておきましょう。

また、プロジェクトが始まれば、今度は想定外の出来事が起こるもの。対応に追われるメンバーは目先のことにいっぱいいっぱいで途方に暮れているかもしれません。そんな場合に必要なのは、プロジェクトを俯瞰《ふかん》して、みんなで対策を考え、役割分担するための会議。**メンバーが相談できる場をつくり出す**リーダーの行動が必要です。

電話や個別相談での発言と、会議などオフィシャルな場での発言が違う人もいます。また、個別相談ばかりではメンバー間に温度差が生まれてしまうこともありますから、チームにとって大事な話はみんなの前でと心得ましょう。

ひとつのプロジェクトも、ビジネスという長い線の上で考えれば点でしかありません。ここでの経験や学びが、次のプロジェクトに活かされ、ビジネスを発展させていくのだとしたら。

失敗を恐れず、果敢に成果を生み出すチームをつくるには、まずはチーム全員が協力し合える場をつくり出して機能させること。そして、そのためのファシリテーティブリーダーの存在が、必要不可欠だと思うのです。

11 交流会で自分の幅を広げよう

ファシリーダーを目指すなら、多様な考え方や意見を知り、自分の対応力の幅を広げることも大切。新しい人との出会いは、手っ取り早く世界を広げてくれますから、いろんな勉強会や**交流会に行ってみる**ことも一案です。実際、企業の経営者やお店のオーナー、個人事業主など、自分でビジネスをやっている人たちの多くは、いろいろな交流会に足を運び、多様な人達と情報交換しています。

夜の飲み会以外にも、出勤前の朝会や、いつものランチ時間の活用もいいものです。そして、身近な人との交流や参加するだけでは物足りなくなってきたら、**交流会を開催する**幹事にも挑戦してみましょう。

インターネットで検索してみると、朝昼問わず、多くの交流会が企画されています。フェイスブックやツイッターなどSNSのほか、さまざまなイベント告知サイトなどを見て情報収集。大体の雰囲気が分かったら、いよいよ自分の企画スタートです。

何か具体的なテーマを決めて集めれば、同じ話題を持ったメンバーに訴求しやすくなりますし、当日の会話も盛り上がりやすくなります。できるだけ気楽にやりたいなら、まずは日時だけ決めて告知、集まった人数で会場を決めるというやり方もおススメ。

自分にあったやり方で、まずは一回やってみましょう。

また、知らない人同士の集まりを盛り上げるコツは、できるだけ早くお互いを知る時間を持つことです。

盛り上げ方に不安を抱く方におススメなのは、必ず盛り上がるコミュニケーションツール**「偏愛マップ」**。

「偏愛マップ」とは、教育学者、齋藤孝さんが考案したもの。まず、自分の大好きなモノやコトをできるだけ具体的に紙に書きます。書いたら、それをお互いに見せ合いっこしながらおしゃべりするだけ。大きさや書き方に制限はありません。

ポイントは、できるだけ具体的な固有名詞を使うこと。

会の最初にマップを書く時間をとってもいいですし、事前に書いてもらってから参加してもらう方法もあります。

初対面でも、世代が違っても、自分とは合わなさそうな外見でも、いざマップを見せ

合ってみると、意外な共通点が見つかることも多いもの。ドンピシャ同じ好みなら盛り上がりますし、全然知らないことを書いていたとしても、「それってなあに？」と盛り上がる。不思議な便利なツールです。もちろん、ビジネスの交流会や全社研修にも使えます。

マップを応用して、「これからやりたいこと」とか、「知りたいこと」などを書くのもおススメ。お互いのニーズを知ることで、新しい何かも生まれやすくなるというもの。

楽しみながら、世界を広げていきましょう。

12 知ってるだけじゃもったいない！ フレームワークで考える

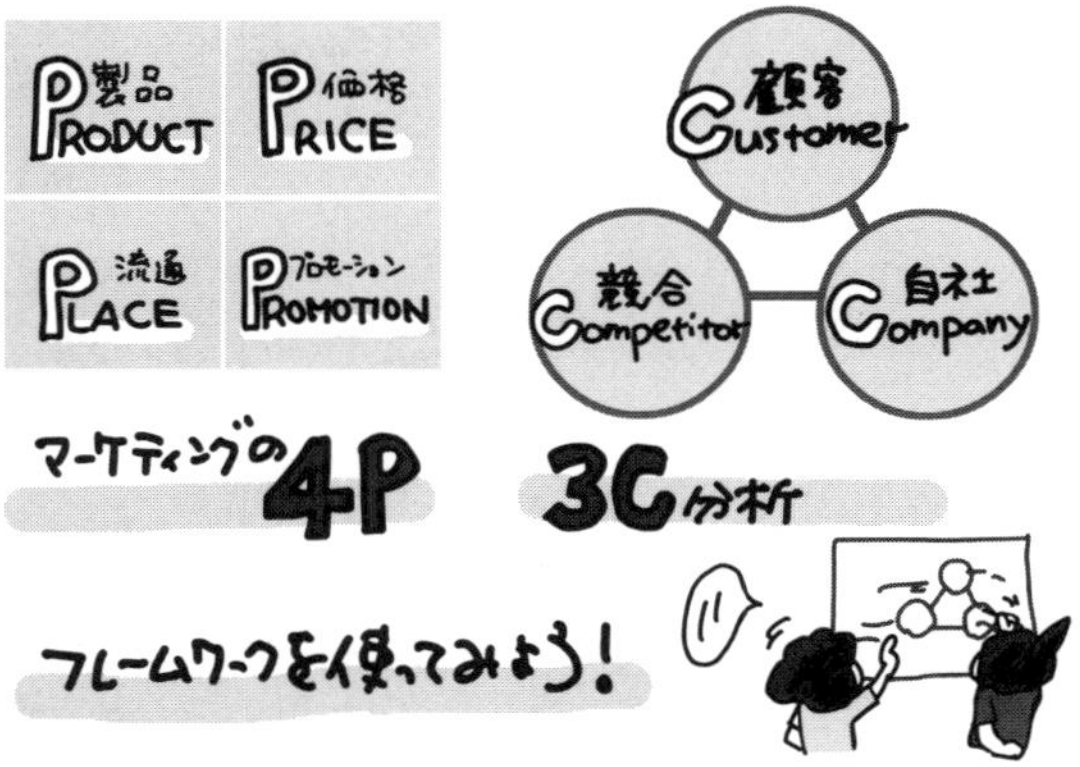

フレームワークとは、何かを考えるときに使える枠組みのこと。議論にフレームワークを導入して、新たな視点を手に入れましょう。

①３C分析

３つのCの頭文字、「顧客（Customer）」「競合（Competitor）」「自社（Company）」を合わせたものが戦略分析の３Cです。

想定する顧客や市場はどこか、競合他社はどうかを考えた上で、それに対して自社はどんな存在なのか……と議論していきます。それぞれの項目が明らかになったら、今度はそれらの関係性についても議論します。

会議にこのフレームワークを持ち込んで、普段から顧客想定をするクセを身に付けていきましょう。

②マーケティングの4P

「製品（Product）」「価格（Price）」「流通（Place）」「プロモーション（Promotion）」の頭文字を取ったものが4Pです。

まずはこれら4つの要素を並べて検討していきましょう。さらに議論を深めれば、これら4つのPを組み合わせた全体戦略を練り上げていくこともできます。

③SWOT分析

難しい状況に負けずに勝ち抜く戦略を立案したい。そのために、現状を多面的に分析したいときに有効なのが、SWOT分析というフレームワークです。

自分たちの「強み（Strength）」と「弱み（Weakness）」を分析して、自分たちを取り巻く事実を「機会（Opportunity）」と「脅威（Threat）」として捉えます。

強みと弱みは「内的要因」、機会と脅威は「外的要因」といわれるように、自分たちを内外から分析してみるときにとても便利。それぞれの項目をリストアップし、それらの項目を掛け算しながら議論することで、これからどうすべきかといった戦略を考えるツールとしても使えます。

自分の強み、弱みでは考えにくい場合は、「○○と比べて」「○○にとって」と競合など

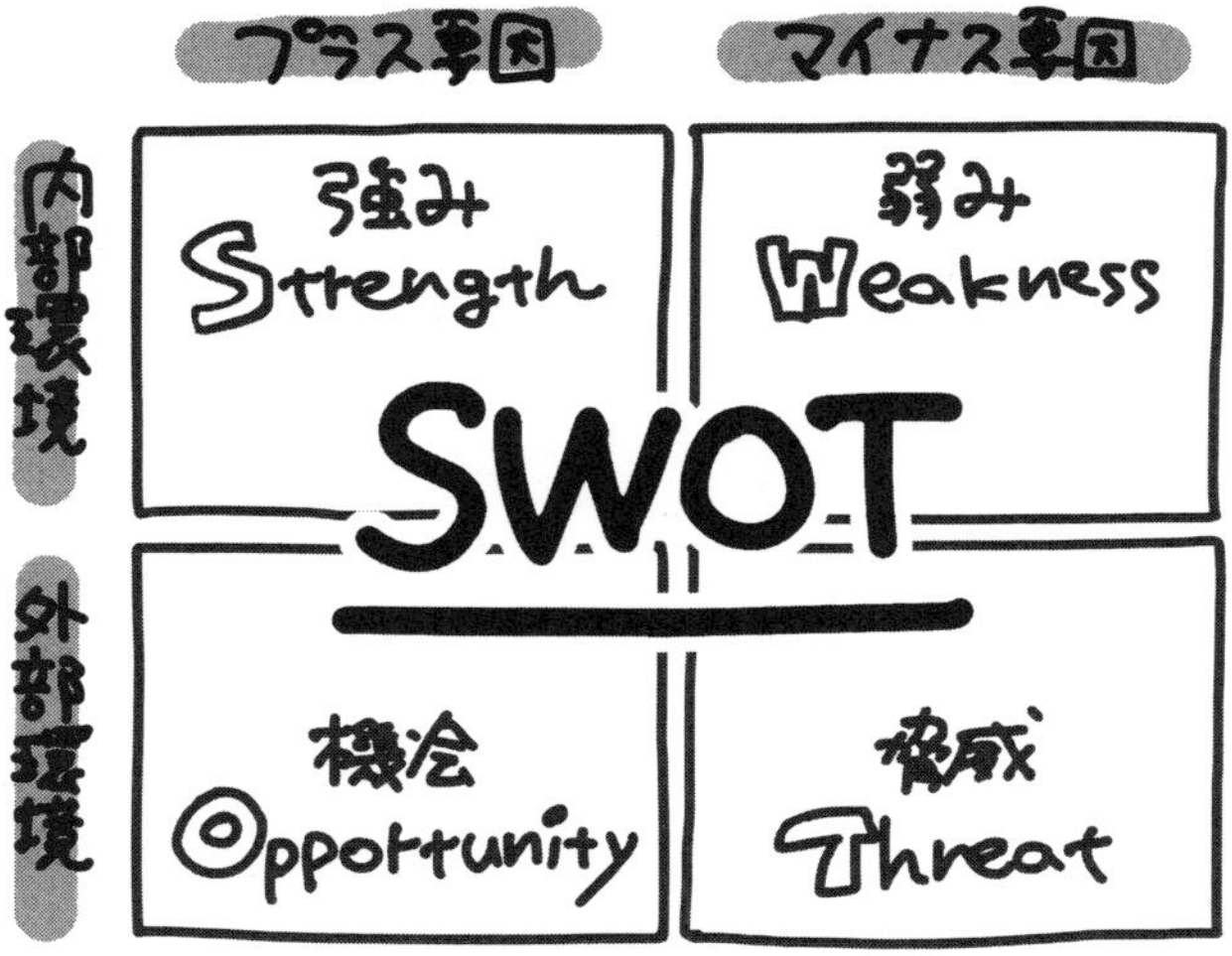

の比較対象や、顧客などの対象者を設定すると議論しやすくなります。

④PDCAサイクル

P119～でご説明した通り、おなじみのフレームワークです。このフレームに当てはめて、それぞれの項目がきちんと機能しているかをチェックするのも必要かもしれません。

⑤GROWモデル

P139～でご説明した、フレームワークです。解決すべき重要な問題がある。そのための行動を起こさなければ。そんなときの会議には、GROWモデルを使ってみましょう。

⑥ビジネスモデル・キャンパス

ビジネスモデル＝「儲けの仕組み」を考

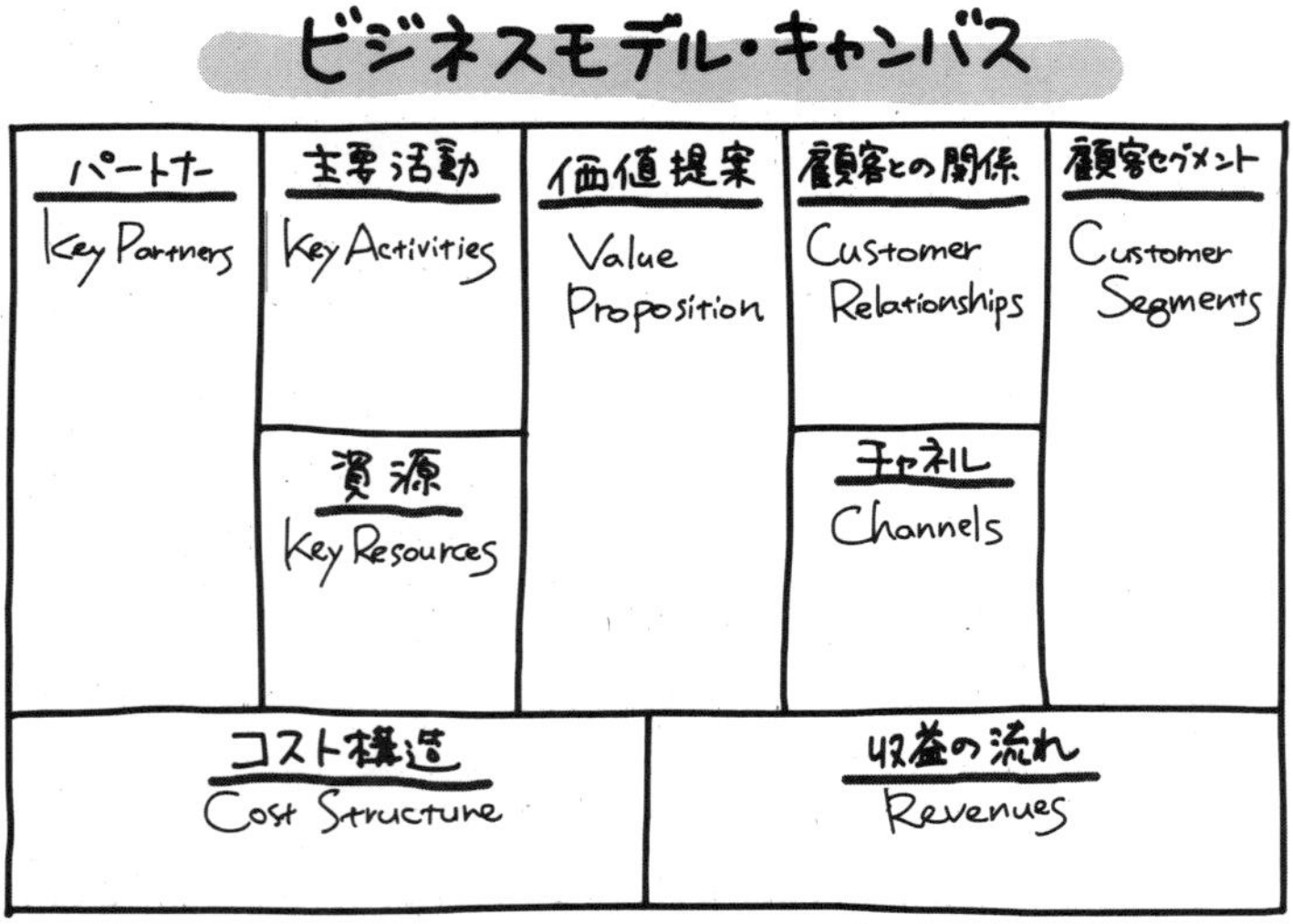

える時に便利なフレームワークです。

まずはホワイトボードに大きく9つのブロック「顧客セグメント（Customer Segments）」「価値提案（Value Propositions）」「チャネル（Channels）」「顧客との関係（Customer Relationships）」「収益の流れ（Revenue Streams）」「資源（Key Resourse）」「主要活動（Key Activities）」「パートナー（Key Partners）」「コスト構造（Cost Structure）」を書き、みんなでブロックを埋めていくことで、さまざまなビジネスモデルについての議論ができます。大きく描いたフレームワークに付箋で貼り付けていくと便利です。

また、**「企業＝部署や自分」**と置き換えて考えることで、個人のキャリアの棚卸しや部署の役割の見直しにも使えます。

コラム

「相談される人」が実践している3つのコト

初めましての出会いから、なんだかすごく話しやすい。そんな人、皆さんの周りにもいませんか？　なぜだか本音を話してしまう、自分の悩みを打ち明けたくなる「相談される人」が実践している〝引き算コミュニケーション〟のポイントを3つお伝えします。

1）相手が主役とわきまえること

相手の問題は相手のもの。解決するのは本人ですから「何かいいこと言わなきゃ！」と力む気持ちを抜きましょう。こちらが力まず聞いていると、相手もだんだんリラックス。話すことで問題が整理され、自然と解決策が浮かぶことも。たとえ答えは出なくても、聞いてくれる人がいる安心感が、相手の背中を優しく押すのです。

2）安心な場をつくること

ここでの話はここだけの話。当たり前だと思うかもしれませんが、実は結構悪気なく、誰かの前で別の人の話をすることはありませんか？　たとえ悪口ではないとしても、聞いた話は他言無用。心の中にそっと留めておきましょう。

3）相手の話を評価せず聞くこと

いろんな人に「相談される人」は、相手の話にニュートラル。いいか悪いか評価せず、ただ淡々と耳を傾け聞いています。もちろん言いたいことがあれば、相手に伝えていいのです。重要なのは、そのタイミング。何を言っても非難されない、馬鹿にされないと思えばこそ、小さな悩みや自分の弱みを出せるもの。聞くと決めたら耳を傾け、自分の意見はその後で、と心に決めておきましょう。

問題を整理し、心を軽くしてくれる「相談される人」の元には、いろんな人が集まってきます。たとえ他言できなくても、聞いた話は自分の中で知恵となって積み重なり、考え方や価値観の幅をだんだん広げてくれます。

「相談される人」がやっている〝引き算コミュニケーション〟は、周りも自分も幸せに。そうなりたいなと思うなら、今日から早速3つの項目、意識してみてくださいね。

Epilogue

ファシリテーションマインド

マユミさん 俺どうしたら…
その先に 続くもの
Story 4
皆に無理言って付き合ってもらったのに
定期報告だってちゃんとしてたのに
食い下がったんですけど覆らないみたいで
これじゃ最初に蓮中部長に言われた通りですよ
メーカーが代理店を振り回したんです
そんなんじゃないって証明したかったのに
…なんて言ったらいいか分からないけど…

あのね川上くんが築き上げた結束が本物なら
それってずっと続いてくものだと思うの
いずれ話さなきゃいけないいなら早い方がいいわ
率直に話して…話はそこからだから
はい…
なに？
本当に申し訳ありません
ひたすら私の力不足です…
まぁ君が逐一本社へ連絡してたのは私も知ってる
本当に上層部の一方的な判断なんだろう
…正直ね
私はこんな日もくると思ってたよ

末端が振り回されるなんてよくあることだ
慣れてる
気にしなさんな
………
…そういうわけで…
何を言っても言い訳にはなりますが
このプロジェクトチームも本日をもって解散ということで…
ちょっと待ってください

私はこのプロジェクトは最後まで完遂するつもりです
座組が少し変わるだけだ
研究室主体にしてもいい
せっかく和紙業界や他の方々も巻き込んだもの…手放すつもりはないです
ツツジ建材さんはいかがですか？
建材現場のプロとして引き続きご協力願えれば嬉しいのですが
どうでしょうメーカーが手を引く以上我々も本来の業務に…
あの……
私はお手伝いしたいです
大したことはできませんが…

川上さん 私…
川上さんが まとめて くださった 通りだと 思うんです
プロジェクトの肝は「この地域発の建材をつくること」であって「メーカーにアイデアを提供すること」じゃないんです
そう その通り 主体はこの地域でありここにいる全員です
…正直 大手メーカーなんて邪魔だと思ってたくらいですよ
そういう私たちの言い分をちゃんと聞いて私たちのプロジェクトにしてくれたのは…

川上さん
あなたです

………

ありがとうございます…
プロジェクトは引継がれることになりギリギリまでサポートとしてお手伝いした
ツジ建材

マユミさんに教わったことは他のメンバーにも教えた
なるほど勉強になります～
いやだ私自分で勉強会開いてみようかな…
できるかな
そっか市民キャンパスの講座として提案してみようかな
それでマユミさんに講師を頼めれば……
それは僕も飲みに付き合ったかいがある…
あの人ホイホイ来てありがたみなさそうだけど
川上さんもまた来てくださいね

僕の出向期間は
こうして
幕を閉じた
これから僕は
また何度も
暗いトンネルに
入るのかも
しれないけれど
チーム
メンバーが
いれば
きっと
突破できる
大切なのは
チームを
推進する力

あ〜 会議ダルい…
やっべ一本 電話かけなきゃ
会議なんか 出てる場合じゃ ねえよ
よし じゃ そろそろ 定例会議 はじめるぞ
はーい…
チームを 支える…
あの
私 書記 やります
それが ファシリテーション!

13 チームは人の集合体。個別対応を忘れずに

チームを回すファシリテーションについていろいろお伝えしてきましたが、やっぱり忘れてはならないのは、**チームは個人の集合体**だということです。全体をみながらも個別対応を忘れないためのコツを４つお伝えします。

○個別対応のコツ①まずはメンバー一人ひとりを「知る」ことから

普段から目をかけてくれていて、必要な時にタイミングよく質の高い対話の時間を持ってくれる。そんなリーダーは、やはり、信頼され尊敬されます。

だからこそメンバーと接する上での第一のポイントは、まずは**相手を知る**こと。

例えば「メンバー自身がリーダーに知っておいてほしいと思っていること」は何なのか、聞いたことはありますか？

メンバー一人ひとりに最適な仕事の環境、機会、助言を与えていくためには、さまざまな視点からメンバーを知り、相手への理解を深めておくことが大切なのです。

○個別対応のコツ②ちゃんと「みる」ことで見えてくる

メンバーを「知る」ことに加えて、ぜひ行うべきなのが目配り、**「みる」**ことです。

普段はチーム全体を大きく捉えるために**「見る」**、気になる相手は注意して**「視る」**、育てたいメンバーは変化や成長を感じながら**「観る」**、問題が起きそうなメンバーは、何が問題なのかを見極めるべく**「診る」**、調子の奮わないメンバーには、回復を促すべく**「看る」**。

これらの「みる」を状況と相手に合わせて使い分けること。そうすることで、見えてくる世界が変わります。

メンバー一人ひとりの最良のパフォーマンスを引き出すために、まずは「みる」。その上で、質の高い対話の時間をつくっていきましょう。

○対話のコツその③戦略的コミュニケーションのススメ

何だかヤル気なさそうだな。

今日はイライラしているみたいだ。

メンバーを意識して見ていると、時にネガティブな様子も目につきます。「ヤル気あるのか？」とこちらまでイラついてしまいがちですが、ここはぐっと深呼吸。

もしかしたら、単に体調が良くないだけかもしれませんし、別の心配事があるのかもしれません。おかしいな、と思ったら声をかけてみる。表面的に見える状況だけで「こうだろう」と決めつけていては、適切な対応はできません。そのためには、まずは相手がどういう状況かを把握することが大切です。感情をぶつけるのはそれからでも遅くありません。そして、もしも声をかけるなら、一息ついて戦略を立ててから話しかけましょう。

1．相手と対話する目的は何か
2．相手から引き出したいものは何か
3．引き出すためにどんな質問を活用するか

以上3つを整理した上で、メンバーとの対話は戦略的に。

相手の仕事ぶりを見て、イラ立ちを感じているときには、特に「難しい‼」と思うかもしれません。しかし、まずはこの3つを手がかりに、冷静に中立的に受けとめたうえで、戦略的にメンバーに働きかけるよう心がけてください。いつもの対話が随分と生産的な時間に変わるはずです。

○対話のコツ④気難しいメンバーにこそ、ポジティブに

メンバーの中にはもしかしたら、どうにも付き合いにくい難しい相手もいるかもしれません。そんな場合はすぐに何とかしようとせず、関係づくりは長期戦と、まずは自分に言い聞かせましょう。

相手が大事にしていること、課題だと思っていることは何なのかを知ることも必要ですし、ソーシャルスタイルを参考にアプローチを変えてみることも有効かもしれません。

その上で、相手のいいところを見つけて伝える**「いいとこ探し」**に取り組むことがおススメです。

イヤイヤながらも相手のいいところに目を向ける努力をしていると、だんだんいい人に見えてきた、そんな実践報告をしてくれた人もたくさんいます。

さまざまな相手とのやりとりは必ずやファシリーダーとしての成長をもたらしてくれます。行き詰まったら誰かに吐き出し、相談することも忘れずに、チーム力を上げる個別対応力を磨いていきましょう。

ポイントレッスンまとめ編　自分の課題を自覚しよう

（その1）引き出す基本と質問力

どうしても周りの話を聞き過ぎて、まとめられなくなっちゃうんですけど、どうしたらいいんでしょう？

「これやりたい」「私は嫌です」というような、対立する意見に翻弄されて、きっといっぱい考えすぎちゃうんでしょうね。エミアブル傾向の高い方に多いお悩みかもしれません。

いろんな意見を聞き過ぎて悩む人たちを拝見してると、感情の方にすごく引きずられている方が多いなぁと思います。

例えば「こんなことやったって意味ないですよ」と言う人が出てきたとき、「あーどうしよう、嫌なんだ……」とか、「責められちゃった」と自分の進め方や伝え方がまずかった、と焦ってしまう。

でも本当は、「こんなことやったって意味ないですよ」と言う発言の裏には、必ず何らかの**「根拠」**があるはずなんですよね。感情に引きずられず、根拠は何かを引き出して、それについて議論しないといけない。

相手の意見を聞くこと自体はすごくいいんです。けれども、きちんと意見と、その背景にある根拠を明確にすることが必要。どうせ「聞く」なら、しっかり両方聞き出すことを意識してほしいなと思います。

例えば、これがおいしいとか、おいしくない、というのは意見ですよね。「この商品はまずい」「いやおいしい」という意見の対立に対して、両者に「なるほど、そう思うんですね」と聞いた上で、

・その商品の想定ターゲットは誰なのか
・まずい・おいしいと言っているのは誰なのか

・どんな調査で出てきた意見なのか

など、きちんと整理して聞いていくこと。これをやらないから、ひたすら「まずい」「うまい」論争に巻き込まれて「どうしよう……」という状況に陥ってしまうんだと思います。

では、上の方針と現場が対立しちゃった場合はどう対応すればいいんでしょう?

何か新しいことをやろうとすると、大抵現場から反対が出ます。まずは、「新しいことについては反発されるもの」だ、と最初から想定しておくことが大事。

私たちは基本的に、自分にとって都合のいいように進めたいものなんだと思います。今のままでうまくいってるんだから変えたくない。変えちゃうと、また新しい問題が生まれるかもしれない。そうなったら嫌だから、まずは反対するというのも理解できる気持ちだなと思うんです。

反対意見を封殺して、トップダウンで押しつけても現場はなかなか回りません。だからこそ、**どんな言い分も言える雰囲気づくり**がとても大事。そして、ファシリテーターの聞く態度が、場の雰囲気に大きな影響を与えます。ファシリテーターが、さまざまな発言に対してどう反応を返すか、どんなふうに聞くか、伝えるかが、この場の空気をつくる。例えば、Aという計画に対して、OKという意見と、NOという意見と、よく分からないという意見、いろいろ出ますよね。

そういう場で、OKに対しては「いいね」って言うけど、NOに対しては「何で?」という態度をとる、よく分からないという意見には、「ふーん」と不愉快な表情を見せてしまったら、否定したら責められるし、質問したら呆れられるし、YESしか言っちゃ駄目なんだなって空気になるでしょう?

OKに対してもNOに対しても「なるほど」と返し、質問にも「ありがとう」と返すから、どんな意見も言いやすい空気になっていくんです。こういう**オールOKな状態**を意識してつくっていかないと、まずそもそも隠れているものが出てきづらくなる。隠れていても、メンバーみんなの心の中には「さまざまな気がかり」があるわけですから、これを引っ張り出して対応しておくことが大切です。

全員が100%賛成、という状態を目指すのではなく、「今回のこの計画には、正直、心の底からの賛成はできないけれど、やってみようか」という状態でもいい。会議室では何も意見が出なかったのに、現場で問題や不満が続出！　という状況は避けたいでしょう？　対立を解消し、物事を前に進めるために会議やミーティングをするわけですから、お互いの言い分をきちんと言い合える場づくりが大切です。

そして、やっぱり押さえておきたいのは、**そもそもの目的は何か**、ということです。取り組みや計画は、目的に向かうための手段ですから、何を目指すのかが共有できていないと、議論が前に進みません。

トップが示した計画の目的は何なのかを共有すること。そして、現場のメンバーが果たすべき役割は何なのかをお互いに理解しておくこと。組織としてのベースが共有できていないのであれば、まずはそこを押さえておくことが重要なんだと思います。

会議をうまく回すためのスキルや手法はたくさんありますが、そのベースとなる考え方、マインドがやっぱり必要。**「目的を常に意識する」**こと、**「対立するのもOK」「意見と根拠を両方聞く」**など、土台となる考えをきちんと持っていないと、何をやっても結局のところ、うまくいかないんですよね。

スキルについて、どうも質問がワンパターンになりがちで、議論が広がりません。

なるほど、確かにそれでは広がらないでしょうね。

でも、「自分が同じような質問ばかり使っている」ことに気づけたことはスゴイですよ。そこに気づいてなければ改善できないわけですから。

P38~のコラム「レベルアップの4段階」でもお伝えしましたが、意見が全然出ない、アイデアを出してこない、と参加者に対して不満を持っている状態は、ステージ1。相手に問題がある、と思っている状態ですから、本人の改善や成長はありません。そこから次に進むために、**「自分の課題は何か」**に気づくことが、最初の一歩なんです。

あるコンサルタントの方に相談したら、「なぜ？」と聞く姿勢が大事だとアドバイスをもらいましたが、どうなんでしょう？

おお、素晴らしい……！　その方のおっしゃる通りですね。

ただ、あんまり「なぜ？」と問い詰めると、逆に話しづらくなってしまう人もいるので要注意。「そう思う理由は？」「例えばどんなことがあるの？」など、使える質問の種類やフレーズを増やしておくと便利です。

で、そうやってたくさんメンバーに話してもらうことを積み重ねていると、聞いてるこちらにはだんだんと**「意見と根拠のデータベース」**ができてくるんです。こういう案件の時は、こんな問題が出るとか、大抵こういう文句が出てくる、とか。仕事でもありますよね、体験しながら蓄積されている知恵のようなもの。これがたまってくると、メンバーからあえて全部聞き出さなくても、**仮説**を立てて進めることができるようになります。

ファシリテーションを日常的に実践して、多くの人から引き出したりまとめたりしていると、自然と仕事力も上がります。現場の情報やみんなの意見から学べることも多いですし、バラバラの意見から**共通点**を見つけようとする視点も磨かれます。

いくつかご紹介したフレームワークを意識して質問したり、意見をまとめることで、思考もすっきりと整理されやすくなります。自分をレベルアップさせる意味でも、ファシリテーションの実践はオススメなんです。

つい、イエス・ノークエスチョンで質問してしまうのですが、どうしたら?

イエス・ノー・クエスチョンでも、ここぞという時に狙って使うならいいんです。でも、いつも何となく使ってしまうのであれば、やっぱり意識して改善した方がいいと思います。普段は、オープン・クエスチョンでいろんな意見を引き出して、自分自身のデータベースも合わせて強化していく。そうすると、さまざまな想像力が働くようになり、問題に対して「これが原因かな」「こうすればいいかな」と考える**仮説力**が上がってきます。メンバーやお客様からの相談にも、ある程度ヒアリングした上で、「問題は〇〇ですね？」「そうなんですよ！」と精度高く、素早く対応できるようになるんです。

そもそも、相手に質問をすること自体が苦手な場合は？

こんなこと聞いたら失礼じゃないかなとか、こんなこと聞いたら気を悪くするんじゃないかな……と気にし過ぎちゃうんですね。

この場合は、まずはきちんと聞くべき項目を整理して、自分の中にフレームワークとして用意しておくことが必要なんだと思います。例えば、起業したいと相談してくる人には、「強みは？」「弱みは？」「競合は？」「お客様は？」というオーソドックスな質問から、「売上いくらぐらい欲しいの？」「出したい利益は？」「自己資金いくらあるの？」というような、ちょっと聞きづらい、でもきちんと明確にしておくべき、大事な要素を含めたフレームワークを用意しておく。

これは、自分で考えてオリジナルで作るのではなく、こういう問題、テーマならこれ、というような定番を決めておくといいと思います。Ｐ１７３～でもご紹介したフレームワークをベースに質問すれば、「自分が聞きたいから聞く」のではなく、**「この要素を検討する必要があるから聞く」**と言った理由づけにもなります。

相手に対して、積極的に踏み込むのが苦手な人にこそ、こういったツールをうまく取り入れてほしいなと思います。

そうやって踏み込んじゃっていいでしょうか？

いいんです（笑）。もちろん、無理やり踏み込め！　ということではありませんが、そもそも仕事や計画がうまくいけば、それに関わる多くの人たちの幸せにつながるんだということをきちんと自覚しておくことも、人によっては必要かもしれません。特にエミアブル傾向の方は、**「人を動かす」**こと自体に申し訳なさを感じる方もいらっしゃいます。

議論の中で考えること、そして行動すること自体がメンバーのためにも、会社のためにも、そして世の中のためにもなる。そのことをきちんと自分の中に落とし込んでおいてほしいと思います。あるプロジェクトを成功させなければいけない、じゃあ成功のためにはどんな条件が必要で、条件を整えていくためにはみんなに何を考えさせなければならないのか。どうやって考えさせればいいのかと突き詰めていくと、やっぱり質問って大事。

そして、ファシリテーターが問いかける質問は、自分のためじゃありません。質問は、**相手のため。そしてその場にいるみんなのため。**そこをきちんと理解して使い分けることも、重要だと思います。

自分のためと相手のための質問って、どう違うんですか?

自分のための質問は、情報収集が主な目的でしょうか。

他にも、疑問を解消したり、提案やアイデアを募ったり。自分が欲しい何かを得るための問いかけです。対して、ファシリテーターが意識的に使うのは、**「相手のための質問」**です。

・質問されたことについて考える
・思い出す
・話す機会を手に入れる
・新しい視点を得る
・発想が広がる
・アイデアが生まれる
・思い込みに気づく
・無知の知を得る

相手に問いかけることで、いろいろな効果が生まれます。相手のための質問の目的は、**「思考促進」**。そしてさまざまな**「気づき」**を生むこと。さらには、自分で考え、言葉にすることで**主体性を引き出す**ことにもつながります。

そもそも情報収集をするのは何のためかといえば、聞いた本人が問題解決を考えるため。いろんな情報を集めて、どうするか考えるためだったりします。自分だけにどんどん情報が集まってくる状況では、自分だけで考えるということになる。そうではなくて、みんなが集まる会議で問題を共有して、その場でみんなで考えて、そこで納得がいく答えを出してもらいたいと思うなら、メンバーにどんな思考を促進して考えさせていくか、チーム自体をどういう方向に向けていくかを考えて、**議論を促す質問**をすることが必要なんです。

（その2）ミーティングをデザインする

プロジェクトチームに、仕事を抱え込んでしまうメンバーがいて困っています……。

あー、まるで自分のことを言われているようです……（笑）。

私もそうなんですが、ついつい仕事を抱え込んでしまう人は、きっと、自分が何をやっているのか**具体的に把握できてない**んじゃないでしょうか。抱え込んでいるというより、何を誰に頼んでいいのか分からない状態。そもそも自分が一体何の仕事をどのくらいやっているのか分かっていない。把握できていないと、誰かに頼むこともできませんものね。あと、タイミングもありますね。毎日仕事に追われてやっている中で、納期が迫ってきたプロジェクトに、ギリギリで誰かを巻き込もうと思っても、今更教える時間もお願いする時間もない、とか。

本当は、頼まずとも周りのみんなが気を利かせて「手伝おうか？」とか、「これやっときますね」と、自発的に動いてもらいたい。「自分で考えて動いてほしいんですよね……」というリーダーの愚痴もよく聞きます。確かに、そうなると理想ですが、なかなかそうはならないのは、自分も、周りも、一体どんな仕事をやっているのか進めているのかを具体的に把握できていないからだと思います。

だからこそ、普段からそれぞれがどんな仕事をやっているのか確認する定期ミーティングや、プロジェクトの進行具合を**チェックするミーティングが必要**なんだと思うんです。

P168~「プロジェクトリーダーのための極意」でもお伝えしましたが、プロジェクトが始まるときには、キックオフから終了後の振り返りミーティングまで、**どんなふうにコミュニケーションをとるか、デザインしておく**ことが重要です。

そもそも、言語を介したコミュニケーションはズレやすいもの。同じ言葉を使っていても、浮かべるイメージが同じとは限りません。

「これお願いね」ってお願いして、「分かりました」と受けてくれたから安心していたら「全然違うものが出てきた」とか、「期待したレベルじゃなかった」ということ、よくありません? 私たちは、自分の「イメージ」と相手の「イメージ」がズレている可能性に気づかずに、やりとりをしていることが多いんです。

締め切りが迫ってきてから、「うわ、これ違うよ！」と分かったのでは時すでに遅し。後悔先に立たずですから、**そもそもチーム作業はズレるもんだと想定**して、プロジェクトを進めた方がスムーズです。プロジェクトがスタートしたら、できるだけ早めに進捗チェック。そこでズレに気づけて修正できれば、後の祭りとはなりませんから。

だから、もしも相手が自分のイメージとは違うことをやっていたとしても「ナニコレ?!」とガッカリし過ぎる必要はありません。「そうか、この人と自分は、こんな風にズレてるんだな」と、お互いの違いに気づけたことをラッキーと思うくらいがオススメです。

ただ、ズレっぱなしじゃ困りますから、きちんとここですり合わせることが大切です。「なんでこうなの？」と相手を責めてしまっては、お互いに正しいと思う意見をぶつけるだけになってしまいがちですから、ここでも相手の言い分を聞く姿勢を持つことが大事。

どちらの意見も冷静に言える環境があってこそ、前向きな議論は生まれますから。

言うことがコロコロ変わるリーダーがいて困っています……。

うーん、確かにありますねそういうこと……（笑）。

メンバーにしたら、言われた通りにやってたのに、なんだよ！ と文句も言いたくなるでしょうし、何よりプロジェクトが前に向いて進まなくなっちゃう。

私は経営者やチームリーダーの方とお話しすることも、現場のメンバーの方々とお話しすることも多いんですが、両者のお話を聞いていると、結構**「見ているものが違う」**んです。

現場メンバーは現場を、リーダーなどチームを引っ張る人は、どちらかといえば周りやプロジェクトの外に目を向けています。もちろん、これにも個人差はあって、バランスよく両方見えている方もたくさんいらっしゃいます。けれども、どうにもうまくチームが回らない、とおっしゃる方の話を両者から聞いていくと、「見ているもの」のズレが大きいなあと思うんですよね。

特に、リーダーが外部環境、例えばプロジェクトの社内での立ち位置とか、社内的に出さなければいけない成果とかアピール度合いとかに目を向けていて、状況変化に敏感になっている場合。「状況がこう変わったんだから、こうしなきゃ」という判断が生まれてきます。だからこそプロジェクトの軌道修正を図ろうとするわけですが、そのときに「みんなも状況を理解しているはず」もしくは、「理解していないとおかしい」という前提で進めちゃうから、おかしなことになるんだと思うんです。

マンガのストーリーの中でも、川上くんが上司の判断に振り回されて意気消沈するシーンがありますが、まさにあんな感じ。「上の判断なんだから仕方ないだろ」とやられると、現場の士気は落ちてしまいます。しかし、実際にああいうことって、大なり小なり日常的に起きていることだとも思うんです。だからこそ、メンバーとしてはリーダーが何を見ているのか、どんな価値観を持って判断しているのか、そしてどんな課題意識を持っているのかなど、さまざまなことに関心を持つことが必要。もちろん、リーダーも然り、です。両者それぞれに**「見ているもの」を共有する**ことが、強くしなやかなチームを生む。そしてみんなの違いを共有し、すり合わせる機会をつくるのは、それぞれが当たり前に持つ**「違い」の存在に気づけた人**。例えば本書をお読みくださっている皆さんから、ぜひ始めてほしいと思います。

（その3）違いを扱える人になる

人の多様性は理解できたんですが、そういった、いろんな人がいるチームをどう引っ張っていったらいいのか、悩んでしまいます……。

そうですね、いろんな人がいるチームを引っ張っていこうと思ったら、**「自分らしいリーダーシップ」**を身に付けることが大切です。

例えば、別にリーダーでも何でもないのに周りが付いていく人っていますよね。

人柄とか、行動力とか、一緒にいて楽しいとか、人が付いていく理由はいろいろあって、絶対にこうじゃないと人は付いてこない、というものではないと思うんです。だったら、自分の特徴を知って、良さを活かしたリーダーシップを磨いていけばいい。

そして、自分らしさを探るときにも、P126~でご紹介した**ソーシャルスタイル理論**が役立ちます。それぞれのタイプごとに、**ネガティブな面**と**ポジティブな面**と両方ありますから、それぞれご紹介しておきますね。

●ドライビング

「言うべきことはハッキリ口にする」ドライビングは、**トップダウン型**のリーダーシップが得意です。ビジネスの立ち上げやトラブル対応など、スピード感と勢いが必要な局面にピッタリですが、反面メンバーへの気配りは苦手。日頃から意識してメンバーに感謝の気持ちを伝えることも大切です。そういうのってどうも苦手と思うなら、**気配り上手な参謀**を側に置きましょう。

●エクスプレッシブ

みんなを乗せる**巻き込み型**のリーダーシップが得意です。まずはやってみよう！　という行動力は抜群ですが、うまくいくかどうかの事前検証は苦手なので、失敗も多々。本人はそれでＯＫ！　と思っていても、振り回されたと疲弊するメンバーもいますから、細かい計画を立てることも時には必要です。細かくってイヤだなぁと思わず、**数字や計画に強いメンバー**を味方につけておきましょう。

●エミアブル

「僕が私が頑張らなくっちゃ」メンバーのそんな気持ちを引き出すのが得意なエミアブルは、チームの**メンバーに気を配り、そっと見守る**リーダーです。優しい気遣いは大切ですが、反面メンバーの気持ちや意見を聞き過ぎて、優柔不断になることも。「決められないリーダー」というレッテルを貼られてはもったいないですから、日常の小さなことからでも、**意思決定力**を磨きましょう。また、気を遣い過ぎてストレスも溜めないように、信頼できる相談相手を持って、**早めの相談を心がける**のがオススメです。

●アナリティカル

自分の専門分野を極め、背中で語るリーダーです。マイペースに確実に仕事を進める姿勢でチームを静かに引っ張ります。生産の現場など、やるべきことが決まっていて計画重視の仕事が得意。ただ、うんちくは語っても、自分の気持ちや考えを語ることが少ないため、メンバーに物足りなさや不安を感じさせることも。ノリや勢いもチームには必要と割り切って、**明るく元気なメンバー**も側に置きましょう。

多様なメンバーがいるチームを引っ張っていこうと思ったら、やっぱり**相手に合わせた対応力**が必要です。ビジョンを語ってほしいメンバーもいれば、そんなのどうでもいいから具体的な指示を出してほしいメンバーもいる。チーム内のメンバーとは、仲良く楽しくやりたい！　という人もいれば、ドライに割り切りたい人もいる。でも、そんなこんなに全て一人で対応するなんて、大変すぎて嫌になっちゃう人もいると思うんです。

だからこそ、**お互いの強みや特徴を活かして補完し合う**仲間の存在が必要です。自分自身はどんなリーダーシップ・スタイルが得意で、何が苦手かということをちゃんとはっきりさせた上で、足りない部分を誰に補ってもらうか、どんな仕組みを整えておくか。そう考えると、いろんなメンバーがいるからこそ、できることってたくさんあるなと思えてきませんか。

自分だけで何とかしようとするのではなく、人の力を借りることも大事ということでしょうか?

そうそう。もちろんリーダーとして努力する必要もあるとは思いますが、全部自分でやろうとするのは、それこそ**「抱え込み」**ですよね。自分とメンバーの違いや良さを知って、ちゃんと活かしてチームとして前に進んでいける状態をつくる。そのために、ファシリテーションのスキルはとても役立ちます。

例えば、ホワイトボードに「書く」のは、記録のためだけではありません。

実は、**ホワイトボードは受け止め役。**いろんな意見をファシリテーターが受け止めるんじゃなくてホワイトボードに受け止めさせる。ホワイトボードに書くと、出てきた意見はチームの共有意見になりますから、その場で出た意見をみんなで受け止める、という状態がつくれるんです。

目線を上げるとか、記録のためだけじゃなくて、どんな意見でも受け止める役割がホワイトボードにはあるんですね……。

そうなんです。多様な意見をファシリテーター個人がひとりで受け止めようとするから、苦しくなる。だからこそ、ホワイトボードに書いてみんなに見える状態をつくって、チーム全体の意見として扱うんですね。

そうやって書いていけば、ベテランの意見も、新人の意見も、同じように扱うことができるようになります。○○さんはこう言った、○○さんはこう言ったという書き方じゃなくて、発言者の名前は書かず、ホワイトボードにメモを取っていく。すると、**「全体から出てきた意見」**そのものについて議論することができるんです。全員に発言の機会をつくり、ホワイトボードにまとめていけば、声の大きな人の意見しか出てこない、ということにはなりません。まとめておけば、**「なぜそう思うのか」**といった、根拠も後で引き出せますから。

意見はそうやって公平に扱ったとして、決めるときはどうしましょう。結局声の大きな人が決めちゃうパターンもあると思うんですが？

出た結果を受けて、現場がきちんと動くならそれでいいと思うんです。参加者が納得できていて、「そうだな、それでいこうか」となるのなら、例えばリーダーの一存で決めても、声の大きい人の意見に引きずられて決まってもOK。**問題なのは、結局決めたことを「誰もやらない」こと。**決め方うんぬんの前に一番大事なことは、みんなの行動や現場がどうなったか、だと思います。

例えば5人ぐらいのチームだったとして、Aさん、Bさん、Cさん、Dさん、

Eさん、誰が発言しても影響力は同じ、というのはやっぱりないと思うんです。ポジションや経験年数、知識の量とか優秀さなど、みんな違うわけですから。

役職としてのリーダーはAさんだけど、声が大きくて影響力の高いDさんが実質リーダーという場合だってある。

それでも現場はうまく回っていて、チームとしてうまくいっているならば、Aさんはラッキーなリーダーだと思うんです。発言力はメンバーが強いけど、実はチームマネジメントとしてはリーダーが上手というパターン。……銀座のママのように、上手に手のひらで転がすマネジメント。実際、年上部下をうまく使ってる若手のリーダーや、男性チームを引っ張る女性リーダーは、上手に相手の強みを引き出して、うまーくチームとして機能させています。その方がメンバーも気持ちよく動けるし、自分も楽になる。そもそも、リーダーが疲弊しちゃうとチームは続かないですし、リーダーもメンバーも疲弊するチームはもっと続きませんものね。

大事なことは、**誰が決めるのか、どう決めるのがいいのかを最初に決めておく**

こと。どうやって決めるのか決めずに始めちゃうから、うまく決まらないしまとまらないいんだと思うんです。

もしもみんなで民主的に決めたいなら、少数意見が潰されてしまう多数決ではなく、P140・161でも紹介した「効果度合いと実現性」の2軸で検討し、やるべきことを決めていくのがおススメです。出てきた意見の一つ一つを「効果の高い度合い」と「実現しやすさ」の両面からA・B・C分析する決め方です。例えば、職場の活性化のために、全員飲み会は「効果A」だけど、みんなシフトがバラバラだから「実現性C」とかね。効果が高くて、実現しやすいものから取り掛かりましょう、と決めておけば、自然と取り組みの優先順位も決まります。

メンバーの違いを活かして強いチームをつくるには、**それぞれの違いをまずは楽しむ**こと。

楽しもうと思うなら、「〇〇すべき」「こうあるべき」という自分のこだわりに気づくことも必要です。その上で、使える知識や手法を知り、普段からトレーニングすれば、きっとだんだん周りも変化してきます。

「いてくれてよかった」

「あなたのような人がウチにも欲しい」

そう言われる、たくさんの素敵なファシリーダーが増えていくことを願って。

皆さんの挑戦を、心から応援しています！

【著者紹介】

谷　益美（たに　ますみ）

ファシリテーター、ビジネスコーチ。Office123代表。1974年香川県生まれ。香川大学卒。建材商社営業職、IT企業営業職を経て2005年独立。早稲田大学ビジネススクール、岡山大学で非常勤講師。NPO法人国際コーチ連盟日本支部顧問。NPO法人日本コーチ協会四国チャプター相談役。

専門はファシリテーション及びビジネスコーチング。企業、大学、官公庁などで年間150本超のファシリテーティブな場作りを行う。
2015年、優れた講義を実施する教員に贈られる「早稲田大学Teaching Award」を受賞。雑誌やウェブサイトへの記事寄稿、取材依頼等多数。

著書に『リーダーのための！ファシリテーションスキル』『リーダーのための！コーチングスキル』（すばる舎）、『タイプがわかればうまくいく！コミュニケーションスキル』（総合法令出版・枝川義邦氏共著）、論文「コーチングにおける重要度の理解と実践の認知」（『実践経営』第51号2014年・杉浦正和氏共著）、挿絵『MBA「つまるところ人と組織だ」と思うあなたへ』（同友館）がある。

編集協力／MICHE Company, LLC
カバーイラスト・作画／円茂竹縄
本文イラスト／谷益美

マンガでやさしくわかるファシリテーション

2017年3月30日　　初版第1刷発行

著　者——谷 益美

発行者——長谷川 隆
発行所——日本能率協会マネジメントセンター
〒103-6009 東京都中央区日本橋 2-7-1 東京日本橋タワー
TEL 03（6362）4339（編集）／03（6362）4558（販売）
FAX 03（3272）8128（編集）／03（3272）8127（販売）
http://www.jmam.co.jp/

装　　丁——ホリウチミホ（ニクスインク）
本文DTP——アメイジングクラウド株式会社
印 刷 所——シナノ書籍印刷株式会社
製 本 所——星野製本株式会社

ISBN 978-4-8207-1966-3 C2034
落丁・乱丁はおとりかえします。
PRINTED IN JAPAN